Le pouvoir jeune

Collection *Monde en cours*
créée par Jean Viard

Ouvrage édité par Manon Viard

www.editionsdelaube.com

ISBN 978-2-8159-5656-7

Mahaut Chaudouët Delmas

Le pouvoir jeune

Mettre l'avenir
entre les mains
de ceux qui vont le vivre

éditions de l'aube

DE LA MÊME AUTEURE
CHEZ LE MÊME ÉDITEUR

Demain ne peut qu'être féministe, 2022

À Mona

Prologue

Ça veut dire quoi, faire de la politique ? Est-ce acquérir l'expérience du pouvoir, être investi par un appareil, rester fidèle à sa famille partisane, faire carrière ? Est-ce, tous les cinq ans, voter, être élu, mettre en œuvre son programme coûte que coûte, rester sourd aux bouleversements qui exigent son amendement ? Est-ce plutôt se réinventer, se battre, de toutes les manières possibles, pour défendre un monde vivable en commun, un monde meilleur ?

Ce postulat sera sans aucun doute qualifié de naïf et de simpliste par beaucoup de personnes, mais je suis convaincue que ce sont les jeunes générations qui *font* véritablement la politique aujourd'hui. Et, alors que tout est fait pour les en empêcher, c'est à elles que doit revenir le pouvoir. Sans déloger, sans remplacer, mais à travers un partage plus équilibré.

Car dans la crise démocratique et institutionnelle inédite que l'on traverse, face aux puissants qui écrasent et qui criminalisent la contestation, la réinvention du pouvoir et son accession par toutes les catégories qui n'y sont pas représentées – les jeunes, mais aussi les femmes, les classes populaires, les travailleurs, les invisibles – sont une nécessité absolue. L'époque, sombre, produit de jeunes combattants pour le social, le climat et la démocratie. Ce livre propose d'aller à leur rencontre, de découvrir cette génération engagée, les idées, les points de vue, les mentalités… et les noms de celles et ceux qui la composent, qui méritent d'avoir une place privilégiée dans la décision collective.

Dès maintenant, car il y a urgence.

Introduction
Répondre à nos urgences collectives et réenchanter l'espace politique

Nous vivons depuis plus de cinq ans les longs revers d'un même modèle capitaliste en crise : le mouvement #MeToo a dénoncé les violences d'un système de domination patriarcale ; celui des Gilets jaunes, l'asphyxie de l'injustice fiscale ; la pandémie du Covid-19, l'hubris démesurée du mythe libéral ; la guerre en Ukraine, la débâcle d'une mondialisation anxieuse et les ravages de la virilité géopolitique ; la crise inflationniste, le paroxysme des inégalités socio-économiques ; le coup de force de la réforme des retraites, l'essoufflement démocratique de la Ve République et la nécessité d'un sursaut global. Si certaines lignes ont bougé, nous n'avons pas encore fait le grand changement que l'époque exige.

Pourquoi ? Parce que les communautés agissantes, militantes, immergées dans les luttes, premières et structurelles victimes de ces crises, pensantes d'une rupture réelle et profonde, défenseuses d'un tout nouveau modèle, ne sont précisément pas aux manettes. Et, à rebours de la rhétorique alarmiste sur la dépolitisation de la jeunesse, ces communautés sont principalement composées de jeunes, voire très jeunes – certains commencent aujourd'hui à militer à 11, 12, 13 ans. C'est cette jeunesse née autour des années 2000 – les fameuses générations Y (ou *millenials*, nés entre 1981 et 1996) et Z (ou *Gen Z*, nés après 1997) –, qui a grandi dans une ère de violences internationales et de terrorisme, d'incertitude économique et financière, d'instabilité politique, de récession et d'explosion des dettes publiques, de crise environnementale, de tensions sociales, d'ultramondialisation et d'omniprésence du numérique. Une ère de crises successives et d'anxiété généralisée.

Ce que j'appellerai, par souci de cohérence et de lisibilité, « la jeunesse », « les jeunesses », « les jeunes » ou « les jeunes générations », renvoie sur le modèle de l'Insee à cette catégorie sociale située entre 18 et 30 ans aujourd'hui, qui présente les mêmes caractéristiques majoritaires d'être particulièrement inquiète pour son avenir, inquiète sur un plan personnel (précarisation, chômage structurel, difficulté d'accès au logement, fragilité psychologique) et collectif (irréversibilité climatique, inégalités socio-économiques à long terme). Une génération particulièrement engagée dans les luttes sur le terrain et indignée face à l'inaction des pouvoirs publics. Une jeunesse qui a vécu le combo de l'accélération des événements historiques et de l'accès permanent à l'information, combo qui lui demande de se positionner, d'avoir un avis, parfois très tôt. Cette jeunesse représente 9 millions de personnes, soit 13,7 % de la population française.

#NousToutes, le comité Adama, Dernière rénovation, Youth for Climate, écologisme, féminisme, antiracisme..., la jeunesse a rarement créé autant de mouvements convergents. Elle a rarement été aussi mobilisée, et ce, au-delà d'elle-même : elle crée une coalition de pensées et d'actions avec l'ensemble des mouvements citoyens et les classes populaires pour dessiner les contours d'un avenir différent, à travers des modalités d'action plus directes, alternatives ou protestataires. Cette nouvelle donne politique procède sans doute du fait, dans l'histoire du monde, que la jeunesse n'a jamais été aussi fardée de catastrophes, en cours et à venir, qu'elle n'a pas choisies, mais dont elle seule subira la déflagration. Cette génération spécifiquement, ma génération, ne souffre pas plus que les précédentes (il est évident que non), mais la différence est qu'elle sera obligée de répondre de la responsabilité de l'humain dans l'irréversibilité climatique et sociale.

Pourtant, cette génération qui veut changer le monde n'a pas le pouvoir institutionnel et économique de le faire. À quelques très rares exceptions près, l'arbitrage politique appartient encore à l'arrière-garde, engluée dans un système et dans une vision du monde obsolètes. À l'Assemblée, au Sénat, au gouvernement, dans la haute administration, les corps de contrôle et les institutions les plus stratégiques de notre système politique, partout on retrouve le même profil très majoritaire de l'homme, blanc, âgé, hétéro cisgenre, bien né, instruit, recommandé. Même distribution dans les partis politiques qui préfèrent se faire harakiri en renouvelant perpétuellement les vieilles recettes du clivage, de la concurrence, au service de l'entre-soi et du féodalisme interne, plutôt que de s'ouvrir aux combats et aux profils neufs qui garantiraient leur survie. Cinq ans que le mot « boomer » est entré dans notre langage de façon quasi pavlovienne, et si peu de choses ont changé.

Pire, aveuglée, par peur d'être remplacée pour maintenir ses privilèges, cette même élite installée discrédite les jeunes, les néglige, au prix collectif si coûteux pour la paix sociale, la survie de l'humain et de la planète. Les jeunes n'ont qu'un dixième du pouvoir d'achat de leurs aînés[1],

1. Consumer Affairs, « Comparing the costs of generations. Gen Zers and millennials are paying nearly 100 % more for their homes than baby boomers did in their twenties », janvier 2023.

composent la moitié des bénéficiaires dans les files d'attente pour l'aide alimentaire, occupent à 52 % un emploi précaire : les parlementaires votent contre le repas du Crous à 1 euro pour les étudiants. Les jeunes vivront sur une planète à +3, +4, +5 degrés, dans un monde de canicules, de sécheresses, d'incendies, d'inondations, de tempêtes, de cyclones, de mort des sols, des faunes, de la biodiversité, de l'eau, des océans, de migrations massives et de drames humains. Les gouvernements revoient toujours à la baisse, retardent les objectifs et les investissements pour la planète, font du *greenwashing*, ils ne sont de toute façon pas vraiment concernés. Les jeunes veulent rompre avec le système hétéropatriarcal qui exerce sa violence sur les femmes, les enfants, les minorités de genre, les hommes aussi. Des miettes pour la lutte contre les violences sexistes et sexuelles, l'éducation à la vie affective, de la complaisance pour les discours anti-trans ! Les jeunes dénoncent le racisme systémique de notre société, de notre économie, de nos institutions. Non, la police ne tue pas, et les quartiers populaires, la misère sociale sont bien la dernière des priorités, quand ils ne sont pas en danger.

Les jeunes sont apathiques, fainéants, narcissiques. Mais les jeunes sont aussi trop radicaux, hystériques, dégagistes, antirépublicains. On criminalise leur colère, et les moyens qu'ils utilisent – les « dérives militantes » – sans égard ni pour le message qu'ils portent ni pour le désespoir qui les justifie. Pourtant, quand nos dirigeants ne font rien, n'écoutent pas, adoptent des mesures qui nous fragilisent à vie, passent en force des réformes sans adhésion populaire ni majorité parlementaire, persistent à orchestrer l'injustice intergénérationnelle, emploient la violence, nous reste-t-il un autre mode d'interpellation, d'action, que la désobéissance ?

Quelque chose d'inédit se passe aujourd'hui en politique : une impasse entre, d'un côté, les jeunes, qui, du fait de leur situation sociale et de leurs projections futures, sont les plus concernés et alertes sur les priorités politiques sans avoir le pouvoir de les conduire. Et de l'autre, les plus âgés, qui occupent l'espace de décision, mais qui sont, pour bon nombre d'entre eux, déconnectés de ces priorités. À ce titre, l'urgence climatique est sans aucun doute la plus révélatrice de cette inversion entre ce que j'appellerai « politique partisane », « institutionnelle » ou « pouvoir » et « la » ou « le » « politique ». Regarder ce qui se passe du côté de l'engagement de la jeunesse, c'est observer, en creux, à quel point la politique partisane s'est exclue elle-même de la politique avec un grand « P ». Comment elle s'est réduite à n'être qu'une toute petite fenêtre de la cité. La politique *vivante* s'est reconstruite ailleurs, mais sans (encore) la puissance de l'institution, des lois, de la décision.

Et s'il y a bien quelque chose d'inédit à notre époque, c'est que l'expérience et la sagesse ne sont plus des qualités fondamentales en politique : beaucoup (trop) de personnes nées après les années 1980 ont une conscience aiguë de l'irréversibilité climatique, de l'injustice sociale, et l'urgence vitale d'y remédier. Cela devrait suffire pour prétendre avoir la capacité politique de le faire !

Ce livre est le fruit d'une enquête de plus d'un an, une plongée au cœur des chiffres, des statistiques, des ouvrages, des études de sociologie, mais aussi une enquête de terrain menée auprès d'une trentaine de jeunes militants. Toutes et tous m'ont accordé un temps précieux pour m'aider à répondre à cette question, cette impasse : *pourquoi les jeunes, si engagés et légitimes, ne sont-ils pas au pouvoir ?*

Entendons-nous : ce n'est pas avoir un certain âge, la peau tirée, la voix claire et le corps vigoureux que d'être jeune. Je ne parle pas, par exemple, des rares jeunes propulsés sur le devant de la scène pour moderniser *en apparence* les appareils, tout en garantissant leur morbide continuité – notamment à droite et à l'extrême droite –, de celles et ceux qui défendent la permanence d'un ordre mondial libéral vieux de 70 ans, de celles et ceux qui sont aussi réfractaires que leurs aînés aux changements qui s'imposent à nous, les néoconservateurs, etc., les *jeunes-vieux* quoi. Eux, pour le coup, ont une visibilité étonnamment plus grande dans les canaux classiques et institutionnels. Certains sont même ministres. D'autres président un parti.

Non. Je parle de celles et ceux qui opèrent massivement une *rupture*, celles et ceux qui défendent un nouveau paradigme, contre l'irréversibilité climatique, l'impasse démocratique, les causes et effets de la pandémie, les inégalités sociales, raciales, économiques, de genre, l'abandon des quartiers, le délitement du service public. Celles et ceux qui aspirent à une démocratie plus directe et mieux tournée vers des valeurs d'égalité, de paix et de justice.

C'est peut-être là que se noue la différence avec les précédentes générations : car l'opposition « jeunes *vs* vieux » n'est pas nouvelle, l'épisode de mai 1968 nous vient en tête, avec la même contestation d'orientations politiques périmées. Mais ce qui paraît inédit aujourd'hui, c'est justement que l'*engagement* résolu de la jeunesse, par la création de mouvements, d'associations, de collectifs, de campagnes, s'organise *à côté* du pouvoir institutionnel, s'en détourne. L'abstention aux élections est, à ce titre, devenue « le premier parti » des 18-25 ans.

Pour ne pas reproduire le réflexe qu'ont beaucoup de leaders d'opinion de dresser un commentaire distant à l'égard de la jeunesse, à laquelle je me sens par ailleurs appartenir, notamment en tant que jeune militante féministe, il m'a paru fondamental d'interroger des trajectoires, des expériences, des récits *incarnés*, des histoires, des vies. J'ai donc demandé à des activistes féministes, écologistes, antiracistes, pro-LGBTQIAP+, qui se définissent de gauche, du camp libéral, d'autres apolitiques, des encartés, des jeunes élus, des étudiants, des apprentis, des urbains, des ruraux, des jeunes issus des quartiers populaires, des immigrés, de me raconter leurs histoires. Je les ai interrogés sur leur rôle et leur place en politique, deux réalités désormais inversement proportionnelles.

Les dizaines d'heures d'échanges avec certaines des figures les plus populaires de cette « jeunesse engagée » ont confirmé mon intuition initiale : *ce sont bien les jeunes, entre 18 et 30 ans, parfois plus jeunes encore, qui réinventent la politique,* qui l'investissent, qui lui redonnent sa substance, sa noblesse. À la fois sur un plan « métapolitique » en questionnant notre modèle de société de fond en comble, en défendant une nouvelle vision du monde, un nouvel idéal débarrassé de toutes les formes de domination systémique – des hommes sur les femmes, les enfants, et les minorités de genre, de l'Homme sur la nature, des Blancs sur les racisés. Et sur un plan méthodologique, à travers la création, la promotion et le déploiement de toute une série de nouveaux outils politiques – le *community organizing*, les mobilisations numériques, l'horizontalité des gouvernances, l'occupation inventive de l'espace public, la désobéissance civile, la « rencontre des justices[1] ».

Malgré toute cette énergie, ils n'ont pas, ou trop peu, d'assise « légitime », institutionnelle. Ils ne sont pas, ou trop peu, élus de la République, ou même candidats. Ils ne figurent pas, ou trop peu, dans les organigrammes des partis politiques, notamment ceux de « l'arc progressiste » censés être alignés sur ces mêmes convictions. De ce fait, les combats des jeunes demeurent très souvent cantonnés aux registres de l'indignation, de l'interpellation, de l'influence au mieux, sans que jamais les structures politiques, au risque de leur propre mort, offrent aux jeunes le pouvoir de décision et de représentation à la hauteur de leur engagement. Alors, les jeunes se sentent, et à raison, de plus en plus incompris, silenciés, humiliés, ignorés, écrasés, cassés, au risque d'une irréparable rupture générationnelle et démocratique.

1. Expression reprise du collectif du même nom, qui regroupe des entrepreneurs sociaux, des militants écologistes, féministes et antiracistes, et qui est à l'origine du lancement de la primaire populaire.

Ce livre cherche à comprendre comment nous sommes parvenus à cette crise, que j'estime responsable de la désaffection générale de la politique, et propose des solutions pour éviter la catastrophe d'une scission intergénérationnelle pour réinvestir l'espace politique à travers une meilleure représentation des jeunes en son sein.

Sur le chemin pour y parvenir, il faut à tout prix éviter deux pièges : le premier, celui du jeunisme, qui crierait à l'incompétence et à la sénilité envers toute personne au pouvoir née avant 1990. Ce serait bête, ne serait-ce que pour protéger la transmission en politique si nécessaire au bon fonctionnement de notre démocratie et de nos institutions. Ce serait absurde aussi, quand l'idée de cet ouvrage est de casser les stéréotypes portant sur une génération par celles qui l'ont précédée, de reproduire l'erreur en stigmatisant à notre tour nos aînés. Ces jeunes ne sont qu'un échantillon, qui plus est, éphémère. Par définition, on ne reste pas jeune : ceux d'aujourd'hui seront sans doute les « vieux cons » des jeunes de demain. C'est en cela que je veux interroger aussi, à travers le prisme de la jeunesse en politique, la *durée* des mandats. Il faut huiler la rotation du pouvoir, réinventer les pratiques politiques, rompre avec la logique de carrière qui, depuis quelques décennies, semble primer.

Ce livre, qui s'inscrit plus globalement dans une crise de la représentation, *ne propose pas de remplacer les vieux par les jeunes*, il veut tout simplement défendre l'intérêt pragmatique d'un partage *plus équilibré* du pouvoir en général, dont les jeunes militants pour le camp du climat, du social et de la démocratie ne composent qu'un échantillon des possibles, une frange de toutes les composantes citoyennes sous-représentées – les femmes[1], les minorités de genre, ethniques et religieuses, les personnes invalides, les personnes issues de la société civile, les ruraux, les agriculteurs, les ouvriers… Là où la jeunesse est une cible stratégique, c'est qu'elle opère de façon inédite la coalition de tous ces artisans des luttes. Elle est donc un *point d'entrée* vers une démocratie réellement représentative, et qui veut changer d'objet politique, sortir de la poursuite des intérêts capitalistes.

Le second piège serait celui de reproduire *ad vitam* les lacunes de notre démocratie représentative, ou de tomber dans le piège de *l'essentialisation ou de l'homogénéisation de « la jeunesse »* édifiées par ses détracteurs. Je ne prétends pas, loin de là, adopter une démarche sociologique

---

1. Ce qui a d'ailleurs fait l'objet d'une de mes réflexions précédentes dans un ouvrage dédié : *Demain ne peut qu'être féministe*, La Tour-d'Aigues, l'Aube, 2022.

qui ferait une étude panoramique et exhaustive sur la jeunesse. D'autres savent déjà si bien le faire, les plus grands spécialistes, tels que Vincent Tiberj, Laurent Lardeux, Camille Peugny, Yaëlle Amsellem-Mainguy, Arthur Vuattoux, etc., et dont les travaux inspirent et parcourent ce texte. Ce livre est le fruit d'un point de vue, fondé mais subjectif. J'y défends une meilleure représentation politique de *certains* jeunes, a fortiori celles et ceux qu'on voit le moins, dans leur diversité et dans leur prise directe avec leurs combats. En cela, l'accès au pouvoir de la jeunesse n'est pas seulement un enjeu de représentativité. C'est aussi un jeu de qualité, de pertinence de la décision publique. Et une voie vers une *« politique des concernés »* : jeunes femmes, féministes et minorités de genre, jeunes racisés, jeunes issus des quartiers populaires et défavorisés, jeunes activistes écologistes, jeunes non valides. « La jeunesse n'est qu'un mot[1] », pour reprendre Pierre Bourdieu. Plusieurs classes sociales et une pluralité d'opinions, de débats, la composent aussi. Si une des spécificités des combats de la jeunesse est bien la coalition des luttes, je ne veux pas oublier leurs différences dans la convergence.

1. Entretien avec Anne-Marie Métailié, paru dans *Les jeunes et le premier emploi*, Paris, Association des Âges, 1978, p. 520-530. Repris dans Pierre Bourdieu, *Questions de sociologie*, Paris, Minuit, 1992 [1984], p. 143-154.

I

La politique reste un monde de têtes grises. Le système est en déliquescence. La sociologie de nos dirigeants, leur moyenne d'âge, les sujets qui les animent, les méthodes qu'ils connaissent et perpétuent, empêchent un véritable renouvellement politique. En dépit du désamour pour les partis et de l'abstentionnisme galopant, le système continue de se reproduire, par paresse, confort, réseau, népotisme, élitisme, paternalisme. En somme, le *cadre* politique s'est détourné du *contenu* politique, et globalement, du coup, les jeunes ne vont plus voter. Cela empêche-t-il pour autant les jeunes de s'engager ?

II

Non, car si elle est vidée de sa substance, démonétisée dans les sphères classiques du pouvoir, la politique se réinvente ailleurs. Sans composer une « jeunesse-bloc », les combats, les mouvements de lutte organisés par la jeunesse forment un arc-en-ciel[1] qui sait converger. Nouveaux projets de société, ruptures radicales avec l'ancien monde, renouvellement

1. Je reprends l'expression d'Aurélie Trouvé pour qualifier le bloc politique que pourrait constituer « l'écologie dissidente, des insurrections populaires, des luttes antipatriarcales et antiracistes et des mouvements syndicaux », qui reste aujourd'hui fragmentée. *Le bloc arc-en-ciel. Pour une stratégie politique radicale et inclusive,* Paris, La Découverte, 2021.

des méthodes d'engagement et de mobilisation, légitiment plus que jamais l'accès des jeunes à la décision. *Les jeunes sont des nains politiques, mais des géants militants.*

III

Pour les rares jeunes « infiltrés », qui y accèdent, l'arène politicienne est souvent vécue comme un douloureux combat. Ils font l'objet d'une *exclusion institutionnalisée*: féodalisme, sexisme, racisme, discrédit, intimidation, harcèlement, âgisme… Tout dans ce monde résiste à l'émergence d'une jeunesse qui, elle, rejette toujours plus dans ses valeurs la pratique violente du pouvoir.

IV

Comment changer le cadre politique pour intégrer les combats des jeunes et leurs incarnations ? Comment repenser la légitimité politique à l'aune de leur engagement et de l'adhésion populaire qu'ils assurent ? Seul *un réveil politique,* un renouvellement des méthodes, des cultures et des profils, en prise réelle avec nos enjeux actuels et futurs, garantira notre survie collective.

La politique, un monde de têtes grises

« La structuration du pouvoir politique aujourd'hui, elle demande une certaine pratique professionnelle : il faut dédier son temps, son énergie à ça, avoir les accès. Moi, je viens d'un milieu ouvrier. Aller dans un parti, c'est juste *pas* un truc auquel on pense, c'est un truc pour les autres : il faut appartenir à la capitale, avoir un réseau, être coopté, avoir fait un parcours spécifique, avoir confiance en soi – en tant que jeune *et* femme, c'est difficile. Il faut avoir fait les grandes écoles, qui formatent dans la manière de s'exprimer, déconnectent de la réalité, déprécient les expériences personnelles, le vécu. Quand on retourne dans les familles, dans les mouvements sociaux, on se rend compte de ce qui manque dans les récits politiques. Chez nous, aller en politique, c'est trahir son milieu d'appartenance, sa classe. »

Stacy Algrain

Ainsi meurt la politique

Il y a une incompatibilité grandissante entre les préoccupations de la jeunesse et celles de ses représentants politiques. Cette incompatibilité est triple : elle repose d'abord sur la question de la représentativité des profils politiques. L'homogénéisation et la professionnalisation de notre vie politique empêchent l'accès réel des jeunes militants de la société civile aux mandats et aux fonctions électives, dans lesquelles ils finissent par ne plus se reconnaître du tout.

Cette incompatibilité repose aussi sur les sujets portés par nos élites politiques, qui ne coïncident que trop peu, voire pas du tout, avec ceux qui animent la jeunesse (climat surtout, féminisme, inégalités et insécurités sociales). Quand ils n'entrent pas indirectement en conflit avec ses intérêts : l'épisode des retraites ou du Service national universel sont des exemples suffisamment éloquents du caractère inadapté de la démocratie contemporaine pour faire face aux nouvelles donnes de la réalité.

Cette irréconciliabilité entre décideurs politiques et jeunes générations repose enfin sur des méthodes d'exercice du pouvoir : paternalisme, rhétorique anti-jeunes, fonctionnement et clivages des appareils partisans…, tous ces calculs qui éloignent et qui dégoûtent structurellement les jeunes générations du fonctionnement politique actuel, eux qui adoptent et revendiquent de plus en plus des valeurs, des modes d'action et de vie à l'opposé. Or, les jeunes sont aussi les garants du fonctionnement démocratique de demain. Si on ne cherche pas à réconcilier les générations aujourd'hui, sur quel pacte social sera fondé l'avenir ? En pleine crise institutionnelle, cela vaut le coup de se questionner.

Erreur système : quand les représentants ne nous représentent… pas

Notre élite politique ne représente pas la jeunesse

Gérontocratie

En dépit d'avancées notables depuis deux décennies, la photographie de nos représentants reste relativement homogène, notamment en matière d'âge. À l'Assemblée nationale, plus de la moitié des 577 députés ont plus de 50 ans, seulement 20 ont moins de 30 ans. L'Assemblée a quasiment dix ans de plus que la France : l'âge médian est de 49,6 ans, contre 41,2 ans pour l'ensemble des Français. Au Sénat, la moyenne d'âge est de 60 ans, et on ne compte qu'un sénateur sur 348 qui a moins de 30 ans. Gérard Larcher, président du Sénat, rempile pour un mandat de cinq ans à 74 ans. 3 % à l'Assemblée nationale, 0,3 % au Sénat (et sachant qu'on ne peut être candidat sénateur avant 24 ans), les jeunes entre 18 et 30 ans composent pourtant 13,7 % de la population. Du point de vue purement arithmétique, le compte n'y est pas. À l'échelle locale non plus : 84 % des maires ont plus de 50 ans.

Dans les partis politiques, l'écart se creuse nettement entre les partis relativement nouveaux (Renaissance, LFI, EELV), gouvernés par des moins de 40 ans, et les plus anciens (PS, LR, PCF), par des plus de 50 ans. Le RN, qui a bien compris l'intérêt stratégique de renouveler son image, fait figure d'exception, avec un président de 27 ans. Dans le personnel politique : sur les dix premiers ministères de l'ordre protocolaire, les directeurs de cabinet, poste le plus hiérarchique et stratégique des cabinets ministériels, sont tous des hommes, avec une moyenne d'âge de 53 ans. Ils sont 33 sur 42 ministères à avoir déjà évolué dans un cabinet ministériel, dont 17 dans les équipes d'anciens ministres du président Macron. Neuf d'entre eux ont déjà occupé un poste de directeur de cabinet par le passé.

L'âge en dit aussi beaucoup sur la longévité et la latitude des parcours politiques : en 2012, 82 % des députés étaient encore en situation de cumul, en grande majorité des hommes (8/10).

On me répondra que l'expérience est importante en politique. Mais justement c'est là que notre époque appelle de façon inédite à penser autrement. N'importe quel jeune stagiaire de n'importe quelle boîte s'y connaît plus sur les enjeux féministes ou climatiques, du fait même d'avoir grandi au XXIe siècle, que son directeur RSE. Pourquoi en irait-il différemment de la politique, qui ne devrait d'ailleurs pas être un métier ? « On peut être plus expérimenté à 30 ans qu'à 50 ans en politique », me dit le jeune député socialiste Arthur Delaporte lors de notre entretien. « Moi, je suis jeune élu, mais ça fait dix ans que je fais de la politique, que je travaille au Parlement. J'ai des compétences relatives à l'institution qui peuvent être bien plus importantes que celles d'un élu local plus âgé qui découvre le Parlement. »

À l'inverse, la longévité politique interroge sur la proximité des élus avec l'actualité des enjeux et la réalité du terrain : le cumul dans le temps et dans l'espace fait nécessairement et logiquement perdre en pertinence politique. L'ouverture de la politique à d'autres profils, notamment jeunes, passe par une rupture franche avec la logique de *carrière politique*, qui conduit les hommes politiques à créer, en particulier à l'échelle locale, de véritables systèmes de baronnies.

Je ne ferai pas pour autant l'apologie de l'inexpérience en politique. On a aussi, paradoxalement, pu en faire les frais sous les gouvernements Macron. L'idée est de trouver un juste milieu pour faire surtout de la politique une mission, un service… temporaire.

Uniformité sociale : ploutocratisation et oligarchisation de notre démocratie

La représentation politique ne s'écarte pas qu'en âge. Du point de vue socioprofessionnel, elle s'éloigne toujours plus des proportions nationales : à l'Assemblée, les cadres et professions intellectuelles supérieures représentent près de 60 % des députés élus, mais moins de 10 % de la population française, les ouvriers 0,9 % des élus, contre 12,1 % de la population, les employés 4,5 %, contre 16,1 %. D'après l'Insee, les jeunes de moins de 25 ans constituent, en 2019, 13 % des ouvriers, soit cinq points de plus que la part des ouvriers dans l'ensemble des personnes en emploi. Les jeunes sont notamment davantage présents parmi les ouvriers agricoles (21 %) et les ouvriers non qualifiés de type industriel ou de type artisanal (19 %).

C'est donc un manque de représentativité redoublé, que regrette le sociologue Gilles Moreau : « Le jeune travailleur […] est devenu comme invisible. Les représentations de la jeunesse qui habitent aujourd'hui le champ politique et médiatique en attestent. N'y dominent plus que deux images : jeunesse délinquante et jeunesse étudiante. Entre les deux, rien, le néant[1]. » De façon générale, les travailleurs et

1. Gilles Moreau, « Les jeunes des classes populaires ne veulent plus travailler », in Olivier Masclet, Séverine Misset et Tristan Poullaouec, *La France*

la « société civile », expression à ce point galvaudée, sont peu représentés dans les espaces institutionnels de pouvoir. Si la macronie a ouvert un champ des possibles, c'est principalement sur la représentation patronale. Une catégorie bien spécifique caractérisée par un certain âge, appartenant à la classe dominante du secteur privé.

Cette uniformité sociale se retrouve dans l'apparat lié au statut d'homme politique parfait. Les codes vestimentaires sont assez franchement rétrogrades. Ils participent de la sacralité du métier politique qui éloigne de fait le citoyen. Veste obligatoire et cravate recommandée sont même stipulées à l'article 9 de l'instruction générale du bureau de l'Assemblée nationale. Porter un maillot de foot est indigne de la fonction de député, et vaut sanction financière – le député François Ruffin l'a payée en 2017.

Cet entre-soi bourgeois se retrouve aussi dans le bal social organisé dans les plus hautes sphères du pouvoir, entre les plus visibles de notre paysage politique et les plus invisibles qui organisent leur espace et leur temps de travail. Les uns prennent leur café à 3,90 euros (minimum) et déambulent dans des décors

---

d'en bas ? Idées reçues sur les classes populaires, Paris, Le Cavalier Bleu, 2019.

somptueux et un brouhaha joyeux. Les autres, principalement des femmes racisées, viennent travailler à 4 heures du matin en silence tout astiquer avant l'arrivée des élus.

Cet écart n'est pas sans faire écho à une jeunesse de plus en plus vulnérable économiquement, en pleine crise sociale.

Patriarcat et blanchité politiques

À l'Assemblée et au Sénat, on compte à peine plus d'un tiers de femmes. Dans les territoires, seul un maire sur cinq est une femme, seule une intercommunalité sur dix présente une femme à sa tête. 70 % des communes françaises (soit plus de 25 000) sont encore des zones blanches de l'équité politique puisqu'elles se soustraient à toute règle élective paritaire. Parmi les adjoints, la part des femmes est inversement proportionnelle à la hiérarchie des postes. Dans les deux assemblées, on note un recul de la parité depuis les dernières élections, certes léger, mais symbolique. La lenteur avec laquelle nous nous détachons d'une histoire politique construite sur une incarnation masculine et virile est symptomatique de la disqualification encore lancinante des femmes et des minorités de genre pour la pratique du pouvoir. Ce qui vaut aussi, comme d'habitude, pour les personnes racisées : si la collecte de données démographiques fondées sur l'origine ethnique est interdite, le Conseil représentatif des associations noires chiffre à seulement 32 le nombre de députés de la « diversité », en baisse aussi par rapport à 2017.

Énarchie

La haute fonction publique ne ressemble pas non plus à ce qu'est la France. À la tête des autres grandes administrations de notre pays, décisives pour la transition sociale et écologique, on trouve l'exact même profil type de l'homme blanc énarque (ou, exceptionnellement, diplômé d'HEC) de 65 ans, grand minimum: Cour des comptes, Conseil d'État, Caisse des dépôts et consignations, Conseil constitutionnel, commissaire français à l'Union européenne, France stratégie, Conseil national de la refondation, Banque de France, Haut Commissariat au plan… Ils ont été formés sur les mêmes bancs d'une école quasiment inaccessible sans en avoir a priori déjà les codes culturels: sur les 82 élèves de la promotion 2019-2020 de l'INSP (ex-ENA), un seul a un père ouvrier, un taux qui n'a jamais excédé 5,5 %. Dans les cabinets ministériels, accélérateurs sans égal des carrières politiques, l'énarchie accapare aussi la direction de 5 des 7 premiers ministères de l'ordre protocolaire, et de 12 des 17 ministères de plein exercice.

Quand je l'interroge sur le sujet, Youcef Brakni considère que cette uniformité opère un vrai verrouillage du système. Une des principales figures du comité Adama, à la fois militant antiraciste et défenseur des quartiers populaires, Youcef Brakni a vu ainsi le mouvement antiraciste perdre les relais qu'il avait dans les années 1970 dans les institutions, « des gens sensibles à nos causes, socialistes, communistes, même dans la police. Il va y avoir face à ce phénomène, moins de gens, de jeunes, "normaux" qui vont vouloir y aller, passer les concours, devenir une force d'influence dans ces milieux-là ».

Ce manque de représentation parmi nos dirigeants politiques abîme donc doublement le mythe de la « méritocratie » à la française non seulement parce qu'il l'invalide en pratique, mais aussi parce qu'il décourage les prochaines générations de croire pouvoir y avoir accès.

La sous-représentation des sujets qui préoccupent la jeunesse

Priorités politiques

Au-delà de ces chiffres qui donnent un aperçu statistique assez figé, on ne peut pas dire que la jeunesse ne soit pas du tout représentée en politique. Surtout quand des personnalités politiques de premier plan et très médiatiques, la trentaine ou moins, à l'image de

Jordan Bardella, président du Rassemblement national, Marine Tondelier, secrétaire nationale des Verts, Louis Boyard ou Clémence Guetté, députés LFI, Marie-Charlotte Garin, députée EELV, Stanislas Rigault, président de Génération Z... Que le président de la République lui-même est relativement jeune et a été élu ainsi pour cette fonction, qu'il a fait baisser l'âge des ministres avec lui, notamment Gabriel Attal, qui, à 34 ans, est à la tête du très important ministère de l'Éducation nationale.

Mais c'est là que je veux apporter un regard qualitatif à ce que veut dire, pour moi, « être jeune » en politique : *ce sont les sujets politiques et la manière dont on les porte qui caractérisent la jeunesse d'un leader politique.* Or, beaucoup de jeunes en politique sont déjà des professionnels de la politique. Ils sont sujets aux mêmes réflexes de déconnexion des intérêts réels de la population. Il ne faut pas seulement être un visage neuf, mais apporter quelque chose de nouveau. Faire rupture.

Cette notion de changement, Flora Ghebali, jeune entrepreneure militante qui cumule expériences associatives, politiques et au sein de l'économie sociale et solidaire, me l'a infusée lors d'une conversation quelques années déjà après notre première excitante rencontre au lancement très prometteur d'un parti politique : « Ça ne sert à rien d'être jeune sur sa carte d'identité, si c'est pour être Macron qui a 80 ans dans sa tête ou Gabriel Attal qui fait la politique la plus "système" qui soit. Ce qui intéresse, c'est la vision du monde. Greta Thunberg, quand elle est sortie de sa classe à 15 ans et qu'elle s'est assise sur les marches du Parlement suédois avec son petit panneau "grève scolaire pour le climat", ce qu'elle dit, c'est : "Tout ce qu'on m'apprend à l'école, c'est la continuité d'un système défaillant, alors qu'on a besoin de rupture claire et nette." La jeunesse ne sera pas bien représentée tant qu'elle assurera des continuités. La "vraie" jeunesse, c'est celle de la rupture, d'avec le discours dominant et d'avec les détenteurs du discours dominant. »

La fausse promesse Macron

La campagne d'Emmanuel Macron pour les présidentielles de 2017 insufflait la promesse d'un renouveau, notamment lié à son très jeune âge pour cette fonction. Toute sa rhétorique autour de la disruption, d'un rapport différent au travail, de la « start-up nation », son discours très ouvert sur l'immigration, sur l'Europe, sur la jeunesse, était porteur d'espoir d'une politique enfin audacieuse, novatrice, réformatrice, pour beaucoup. Je me souviens de cet enthousiasme très fort lié à la modernité qu'il incarnait chez bon nombre de mes amis qui ont voté pour lui dès le premier tour.

Une déception des plus fortes de son mandat est cette fausse promesse de la nouveauté. Il a réussi à rajeunir le pouvoir dans son incarnation en adoptant une feuille de route conservatrice : creusement des inégalités sociales, néo-esclavagisme de l'autoentrepreneuriat, maintien des privilèges, fortification des déterminismes sociaux, répression policière. Le vote générationnel, ces dernières années, a d'ailleurs révélé les intérêts politiques et économiques très divergents dans la société, montrant une volonté de rupture de la jeunesse et une tendance à la conservation du système chez les plus âgés.

Mais la pyramide des âges, faisant de la jeunesse une incompressible minorité, a donné raison aux plus âgés. Aux présidentielles de 2022, chez les 18-24 ans qui ont voté, c'est Jean-Luc Mélenchon qui a été le plus largement plébiscité avec 31 % des voix. Puis Marine Le Pen avec 26 % des suffrages. Le vote Macron représente seulement 20 % des moins de 24 ans. Aux législatives de la même année, les écarts sont encore plus frappants : les 18-24 ans ont voté à 42 % pour la Nupes, 18 % pour le Rassemblement national et seulement 13 % pour la coalition présidentielle.

Le plus jeune des présidents a réussi l'exploit de devenir le président des vieux.

Et au-delà de cette notion de rupture, est-ce que même simplement les doléances de la jeunesse sont prises en compte aujourd'hui, est-ce que leur voix est suffisamment entendue ?

La sous-représentation des aspirations des jeunes générations dans les priorités politiques

Comme le dit Gabriel Mazzolini, chargé de construction de mouvement aux Amis de la Terre et militant chez Alternatiba Paris, dans l'entretien qu'il m'a consacré : « Pour les jeunes, l'environnement et le climat sont des sujets vraiment, vraiment importants. Il y a une vraie fracture générationnelle sur ces sujets, qui ne sont pas représentés à la hauteur des enjeux par l'élite politique et économique actuelle. C'est en cela que même dans certains partis politiques où des leaders plutôt jeunes apparaissent, on représente encore de vieilles idées. »

La question du climat est en effet la plus symptomatique de l'écart qui se creuse entre les priorités des jeunes générations et celles de la classe politique. La sortie du rapport du GIEC en mars 2023 l'a bien montré : alors qu'il est pourtant le dernier à être publié avant au moins huit ans et qu'il nous annonce un coût d'adaptation trop onéreux pour nos économies, une tendance à +2,7 degrés dans le monde et +3,2 en France, il a occupé 0,6 % de l'espace médiatique pendant les quatre jours suivant sa sortie, 1 % sur les heures de grande écoute, soit treize fois moins que le débat sur les retraites, selon le baromètre des associations QuotaClimat et Data for Good.

D'autres études[1] montrent que les jeunes Français âgés de 16 à 25 ans sont principalement intéressés par la santé, l'emploi, l'égalité femmes-hommes et la lutte contre les inégalités, alors que les thèmes les plus abordés dans le débat public tournent autour de l'immigration, la délinquance, le pouvoir d'achat, les retraites. Les « sujets jeunesse » sont assez peu ou pas du tout abordés dans les programmes politiques : moins de la moitié des douze programmes des candidats à l'élection présidentielle cible les jeunes dans une disposition spécifique et globale. Quand ils font figurer des éléments propres aux jeunes, c'est principalement par des biais passifs ou périphériques – la formation, le sport ou la régularisation du cannabis... Jamais ils ne s'intéressent à une meilleure représentation de la jeunesse dans la décision collective. Par ailleurs, les sujets jeunesse ont une visée principalement électoraliste et ne sont pas travaillés *avec* la jeunesse. En 2017, le chef de LFI porte par exemple dans son programme le service citoyen obligatoire, en dépit de la protestation ferme des jeunes militants de son propre parti.

1. Harris Interactive pour *L'Étudiant*, « Les jeunes et l'élection présidentielle de 2022 », janvier 2022.

Le cas tout particulier de l'antiracisme est un point mort de l'espace politique, alors qu'il est une des priorités les plus évoquées des jeunes générations engagées. Comme me confirme Youcef Brakni : « Aucun député à ce jour ne représente la ligne antiraciste et les quartiers populaires. Certains récupèrent un discours pour plaire à la sociologie de leur circo, mais ce n'est pas une vraie incarnation d'une ligne, ce ne sont pas des militants antiracistes qui ont été formés dans ces quartiers et qui sont propulsés dans la représentation nationale. Ça concerne aussi les maires, y compris dans les villes très populaires : on se retrouve avec des maires blancs parachutés dans des quartiers noirs. Déjà que dans une société raciste, c'est difficile d'avoir accès à l'espace, à la parole, au pouvoir…, avec cette déconnexion de nos propres élus, on n'a pas de relais politique ou de financement pour sortir de la précarité militante. Tout est verrouillé. » Un défaut de représentation qui s'est consolidé depuis les années 2000, qui marquent l'incapacité des partis et des dirigeants de la gauche française à séduire et à mobiliser durablement les militants descendants d'immigrés récents, instrumentalisés puis écrasés, comme en témoigne l'enquête longue de dix ans portant sur les parcours et l'évolution d'une « banlieue rouge[1] » menée par Olivier Masclet.

1. Olivier Masclet, *La gauche et les cités. Enquête sur un rendez-vous manqué,* Paris, La Découverte, 2003.

L'injustice intergénérationnelle, grande absente des débats

Mais ce sont sans doute les enjeux socio-économiques spécifiques aux jeunes qui montrent le mieux ce décalage entre nos élites politiques et les besoins des *millenials*. Alors que ceux-ci s'appauvrissent durablement, que l'accès au logement, à la propriété, aux études supérieures, à l'autonomie, à l'emploi est très défavorisé par rapport à nos aînés, que le sentiment de déclassement social est complètement intégré, ces injustices intergénérationnelles ne sont jamais abordées dans le débat public. Les rares fois où une mesure atterrit sur les bancs de l'Assemblée, comme le vote du repas du Crous à 1 euro, rejeté à une voix près par les parlementaires dans un contexte de précarisation puissance 1 000 de la jeunesse[1], elle

1. En 2020, le taux de chômage des 15-29 ans s'élevait à 16 %, contre 8 % pour l'ensemble de la population active, selon l'Insee. Pour les non-diplômés, ce taux monte jusqu'à 34 %. De plus, les jeunes qui travaillent sont plus souvent en contrat temporaire (27 %) que les salariées et salariés de tout âge (12 %). À cela s'ajoute le fait que, selon le Centre d'études et de recherches sur les qualifications (Cereq), les jeunes accèdent de plus en plus difficilement à la stabilité de l'emploi. Sept ans après la sortie du système scolaire, seule la moitié de la génération des diplômés de 2010 occupe un emploi stable, contre deux tiers de la génération de 1998. Le taux d'emploi précaire des jeunes est passé de 17 % à 60 % depuis les années 1980, les files des

dessine le tableau d'une élite éloignée de la réalité sociale structurelle… Juste glaçant. La baisse des APL, la réforme de Parcoursup et du nouveau bac, à laquelle les jeunes lycéens s'opposent depuis des années et que même les sénateurs désignent comme responsable du creusement des inégalités territoriales entre les lycées[1], offrent aussi un spectacle assez désarmant du mauvais traitement politique des jeunes générations. Quand, après la mort de Nahel Merzouk, la jeunesse oubliée, violentée, négligée, s'est rappelée avec éclat et colère à la responsabilité nationale, trop peu se sont interrogés *vraiment* sur les raisons pour lesquelles, dans notre pays, des adolescents par centaines souffraient suffisamment d'ennui d'abandon et d'injustice pour aller casser des vitres et voler des canettes de RedBull la nuit… En revanche, on s'est collectivement félicités de l'efficacité des comparutions immédiates, tout en oubliant l'ignominie des prisons françaises

banques alimentaires sont composées à moitié de jeunes. Au total, un quart des 15-29 ans sont au chômage, soit quasiment quatre fois plus qu'en 1975. Beaucoup alternent aussi des périodes de chômage et d'emploi, s'inscrivant ainsi dans ce que le sociologue Nicolas Roux appelle une « précarité durable ».

1. Annick Billon, Max Brisson et Marie-Pierre Monier, « Rapport d'information établissant le “bilan des mesures éducatives du quinquennat” », Sénat, n° 543, 23 février 2022.

et de leurs quartiers disciplinaires dans laquelle elles les plongent.

Tout ça alors même que la mobilisation inédite de la jeunesse pendant la réforme des retraites s'est justement structurée autour d'une demande forte d'écoute de ses revendications structurelles par le pouvoir, qui dépassaient largement le sujet strict des pensions : redistribution des richesses, retrait de Parcoursup, protections sociales, nouveau rapport au travail, sauvegarde des services publics.

Raisons électoralistes

Cette surdité spécifique a sans doute à voir avec le fait que les principaux bénéficiaires des priorités politiques sont aussi les plus représentés dans nos institutions. L'inégalité de représentation dans la vie politique signifie que, selon votre âge et votre milieu social, vous ne serez pas représenté de la même manière, sur le fond, dans les instances décisionnelles de la République. Dans ses travaux, Cécile Van de Velde prend l'exemple du Japon, qualifié de *Silver Democracy*, et fait le constat que les débats politiques se concentrent sur les intérêts des cohortes de population plus âgées (par exemple, le sujet des retraites) au détriment des politiques d'éducation, de formation, d'insertion professionnelle, et n'ont de ce fait que peu d'écho au sein de la jeune génération.

Dans son ouvrage dédié à ce *grand vieillissement*[1] des priorités politiques, Maxime Sbaihi affirme qu'il est en effet trois fois plus rentable pour les politiques de parler aux plus de 50 ans, tout simplement parce qu'ils votent. Cette dérive gérontocratique se retrouve aussi dans les médias : pendant la mobilisation sociale inédite qui a traversé la France en mars 2023, Macron choisit pour seule fenêtre d'expression les JT de 13 heures de TF1 et de France 2, et donc de parler aux 65 ans en priorité (âge moyen de ces téléspectateurs), qui sont pourtant les seuls à ne pas payer le prix de la réforme.

*

Boomers politics : quand les méthodes politiques ne font plus recette

> « La jeunesse est très engagée, on crée plein de mouvements, d'associations, mais on n'est jamais pris au sérieux par l'institution. On est beaucoup rabaissés, on nous invisibilise, alors que tous les sujets politiques nous concernent en premier lieu ! Ce monde, c'est celui dans lequel, nous, on va grandir… et personne ne se soucie de ce que l'on pense de ce

1. Maxime Sbaihi, *Le grand vieillissement*, Paris, L'Observatoire, 2022.

monde. C'est pour ça qu'on se sent concernés par la politique, mais pas par les partis. »

Entretien avec Anissa Maille

Le monde politique est périmé non seulement dans ses incarnations, dans les sujets qu'il porte, ses idées, ses privilèges, ses réseaux, sa reproduction systémique et élitiste, mais aussi et surtout dans ses méthodes. Allégeances partisanes, attachement aux vieux clivages, structures pyramidales…, le fonctionnement politique hérité des babyboomers ne donne plus envie. Pire, il se fonde sur une exclusion de la jeunesse et un manque d'écoute des citoyens, qui explique pour une grande partie le détournement du vote et des institutions par nous, les jeunes, mais pas seulement.

La détestation des partis politiques est générale: d'après le baromètre annuel du Cevipof de février 2021, seulement 16 % des Français déclarent avoir confiance dans les partis politiques, les plaçant loin derrière toutes les autres organisations, y compris celles qui sont les plus mal notées comme les réseaux sociaux (17 %), les média (28 %) ou les syndicats (32 %). Leurs fonctionnements tant internes – verticalité, opacités des investitures, cynisme et trahisons, allégeances et manque de démocratie – qu'externes – survalorisation des clivages et des querelles de chapelle, ésotérisme et hermétisme, codes et éléments de langage, apparence physique, vestimentaire, etc. – démontrent que les partis politiques fonctionnent en vase clos, se déconnectent des fonctionnements sociaux « normaux » et des nouvelles valeurs du travail, plus humaines, notamment celles prônées et vécues par la jeunesse. Cela explique pourquoi les jeunes sont une large majorité à ne pas exprimer de proximité partisane aujourd'hui : 55 % ne se positionnent pas, contre 35 % de leurs parents et 32 % de leurs grands-parents, et ils sont un tiers à ne pas avoir d'opinion sur la question[1].

Les structures de pouvoir, véritables barrières à l'entrée en politique

L'opacité démocratique des appareils : un no go pour les nouvelles générations d'engagés.

La culture du réseau et de l'informel, l'organisation de fidélités sont particulièrement dirimantes pour les jeunes. Pour Achraf Manar, jeune homme de 25 ans originaire de Haute-Loire, engagé sur les enjeux d'inégalités sociales et climatiques : « Il faut passer un temps non négligeable sur la construction de liens, la vie de parti, de réseau, sur les personnes, dynamiques électoralistes, alors qu'à notre âge

1. Marc Lazar, *Une jeunesse plurielle. Enquête auprès des 18-24 ans*, Institut Montaigne, février 2022.

on veut davantage apprendre, être sur le fond, sur le terrain. » Pour Lauren Lolo, très jeune élue de Fosses et cofondatrice de la Cité des chances, il y a aussi une inégalité sociale dans le rapport au temps que cette culture de l'informel induit : « Pour monter dans un parti, il faut des relations, être investi, ce qui demande du temps. Sauf que ce temps-là, quand on appartient à certaines catégories de la population, on ne l'a pas : quand on est étudiant, il y a les révisions, quand on est une femme, il y a la charge domestique, quand on a un handicap, quand on est pauvre, on cumule les obligations. » C'est une première barrière sociale à l'entrée : les personnes qui peuvent libérer du temps pour s'investir en politique sont déjà privilégiées.

Le temps et l'argent

Une des dimensions sacrificielles de la politique, c'est bien le temps qu'on y consacre. Alors que les jeunes générations aspirent à beaucoup plus d'équilibre entre vie privée, vie militante et vie publique, et également entre les genres dans la vie domestique, l'appareil politique, machine à instances, peut très vite devenir chronophage et entrer en conflit avec les conditions d'engagement des jeunes, a fortiori des jeunes femmes. Le soir après une journée de travail, animer le comité local, départemental, ou la commission de résolution des conflits, le week-end être en manifestation ou en campagne… C'est trop sacrificiel pour beaucoup.

Or, la disponibilité, particulièrement en dehors des journées et des horaires de travail, est déterminante dans la carrière politique pour construire son réseau, se rendre visible. La précarité des jeunes et des étudiants aujourd'hui empêche cette disponibilité, et crée une sélection immédiate des jeunes les plus aisés, soutenus par leurs familles (donc qui n'ont pas besoin de travailler), ce qui installe mécaniquement une reproduction de l'élite. Cela est particulièrement le cas pour les jeunes femmes dont la charge domestique est un autre obstacle temporel : près de la moitié (43 %) ayant une expérience en politique cite l'inadaptation des horaires et le rythme de vie comme un frein à l'engagement et au maintien en politique, selon la consultation menée par le collectif Investies[1].
La question du temps est étroitement corrélée à celle de l'argent : comment financer une campagne électorale quand on ne peut pas faire de prêt parce qu'on cumule un job et des études ? L'ouverture du champ politique à d'autres profils interroge nécessairement sur la baisse du temps de travail, la création de bourses, ou d'aides sociales dédiées, qui permettraient de dégager de

1. Parcours d'apprentissage fondé par Quitterie de Villepin pour faire émerger des jeunes femmes en politique.

la disponibilité matérielle pour le collectif, la vie de la cité. Une proposition sur laquelle je reviendrai précisément dans la dernière partie de ce livre.

L'exclusion institutionnelle de la « radicalité » des convictions et des méthodes de la jeunesse

Le traitement que réserve la journaliste Apolline de Malherbe à la jeune militante écologiste Sasha Cantet sur RMC le 16 juin 2022 est tout à fait symptomatique de l'écart qui se creuse entre la classe dominante et le regard des jeunes générations sur leur avenir dans le débat public. Sasha, qui tente alors péniblement de s'exprimer sur la dangerosité de l'épisode climatique que nous vivions (raison de son invitation), alors au cœur d'une canicule au seuil sans précédent, se voit épinglée sur les opérations de désobéissance civile et non violente du mouvement au sein duquel elle milite (Dernière rénovation) et ses choix personnels de non-désir d'enfant.

Elle s'en défend, dans un monde qu'elle seule vivra parmi les invités, qui connaîtra le déplacement de 2 milliards de migrants climatiques d'ici trente ans, soit « le pire épisode de souffrance et d'injustice » jamais connu. Mais sur le plateau on s'intéresse bientôt moins au vrai sujet – la catastrophe écologique – qu'aux moyens employés pour alerter – la « radicalité » ou l'illégalité des actions menées, passage pourtant obligé face à l'inaction des pouvoirs publics (moyen défendu par les scientifiques eux-mêmes[1]). D'ailleurs, 35 % des Français jugent légitime de recourir « à des actions violentes pour faire avancer sa cause ou ses idées » selon un sondage de l'Ifop[2].

Si certains élus sont de plus en plus solidaires de ce type d'actions, comme ils l'ont fait au rassemblement interdit à Sainte-Soline contre les mégabassines, la « radicalité » des jeunes est difficilement greffable à l'institution, qui la rejette, par peur générale des cultures émergentes. Et ce, alors même que, dans l'histoire, celles-ci ont toujours précédé un progrès social, à l'image du Mouvement pour la liberté de l'avortement et de la contraception (MLAC) pour le droit à l'IVG, ou encore des suffragettes pour le droit de vote. Pourtant, l'incompatibilité entre les méthodes des jeunes citoyens et la « façon légitime » de faire de la politique est à son comble aujourd'hui, comme en témoigne la criminalisation des militants des luttes écologiques organisée par le ministre Gérald Darmanin au printemps 2023. Le ministre s'engage dans un tournant répressif en

1. « L'appel de 1000 scientifiques : "Face à la crise écologique, la rébellion est nécessaire" », *Le Monde*, 20 février 2020.
2. Ifop, « Le regard des Français sur la violence dans les manifestations contre la réforme des retraites », 30 mars 2023.

dissolvant le collectif des Soulèvements de la Terre et dans une outrance rhétorique extrêmement dangereuse dans les médias en qualifiant la mobilisation de « terrorisme intellectuel ». Pour Shanley Clemot McLaren, jeune activiste féministe et fondatrice de StopFisha, les structures partisanes ont tout simplement « peur des jeunes, de la façon dont ils peuvent secouer les institutions, et de la façon dont ils voudront changer les choses. Ça va justement justifier le fait de maintenir les institutions aussi solidement et aussi inaccessibles ».

Même chose, selon Youcef Brakni, sur la question raciale. Alors que la problématique du racisme systémique est très intégrée chez les jeunes générations – près de la moitié des 18-24 ans considère que la France est et demeurera une société raciste du fait de son passé colonial, contre seulement un tiers des autres générations –, cette position est perçue comme trop « radicale » pour être intégrée comme telle dans les programmes ou les discours politiques : « Ça coûterait trop à nos élus de mettre la question du racisme au centre comme la société civile sait le faire, car ça les remet, eux, en cause – leur place, le fait qu'ils soient établis, comme pour le féminisme. Et puis, ça pourrait faire peur aux Blancs, notamment l'électorat des "pauvres Blancs victimes de l'histoire", électorat qui lui est survalorisé par l'extrême droite et donc par tous les autres partis, obsédés par l'électoralisme. Du coup, c'est un cercle vicieux : les quartiers populaires, sous-représentés, ne votent pas, et ça arrange les partis. » D'un côté, les partis voient de plus en plus les personnalités issues de la société civile comme des opportunités, qu'on appelle d'ailleurs dans le milieu des « prises de guerre » ; de l'autre, ils restent hermétiques à l'authenticité et la totalité de leurs combats, qui pourraient bien nuire au fonctionnement installé et aux règles en place. On prend l'image, mais pas le *package*. Il existe donc deux sociologies opposées entre les personnes engagées et les personnes au pouvoir, polarité qu'Achraf Manar s'amuse à requalifier dans une version Grèce antique : « Quand nous, les jeunes Méliens, on s'engage, on s'engage sur de l'urgence : on va monter des organisations de service, du mentorat pour les jeunes, les aider sur les frais de scolarité, sur l'orientation, financer leurs études, aider à l'accès à l'alimentation… Cette urgence-là, par priorité, elle empêche de passer du temps sur des dynamiques électorales, ce que font les Athéniens. »

L'échec Place publique

C'est notamment ce processus qui est à l'origine de la déception de Place publique, mouvement politique lancé par Raphaël Glucksmann, Claire Nouvian, Diana

Filippova, Thomas Porcher et Jo Spiegel en 2018. Place publique avait vocation à faire émerger des « porteurs de cause » – militants du terrain qui n'avaient rien à voir avec la politique mais qui voulaient l'utiliser comme tremplin pour changer le système de l'intérieur. Merveilleuse promesse incarnée par des personnalités diverses et implantées sur tout le territoire, comme la militante féministe Judith Aquien, la défenseuse des droits humains Nayla Ajaltouni, le géographe et lanceur d'alerte sur les boues rouges Olivier Dubuquoy, l'avocat d'Anticor Jérôme Karsenti, le pêcheur et militant associatif Charles Braine, la chercheuse Aziliz Gouez… Des incarnations d'ailleurs relativement jeunes, et qui *parlaient aux jeunes*, dont je faisais partie. Au bout de quelques mois d'existence, dès l'entrée en négociation avec les partis politiques et l'inscription dans l'agenda électoral européen, le mouvement implose et les porteurs de cause décrochent un à un, dégoûtés du jeu politicien. C'est un épisode de plus de la déconnexion par les appareils politiques des enjeux, des langages et des pratiques de terrain, un exemple de plus de leur vécu dans une bulle qu'ils pensent être la société.

Quand elle n'exclut pas la jeunesse sur sa façon de se mobiliser, l'institution le fait sur ses convictions morales.

Le traitement des violences sexistes et sexuelles en politique est tout à fait révélateur de ce schisme qui se structure autour des pratiques et des convictions militantes entre jeunes citoyens et cadres politiques. Heureusement et sainement plus intransigeants que leurs aînés sur le sujet, les jeunes issus d'une vingtaine de groupes d'action de LFI se sont déclarés en grève militante pour protester contre le retour d'Adrien Quatennens à l'Assemblée nationale, qu'ils vivent alors comme une trahison du parti. En vain, comme l'explique Agathe Hamel, très jeune coordinatrice de projets jeunesse et présidente de la délégation des droits des femmes au Conseil économique, social et environnemental (CESE), c'est bel et bien un enjeu de confiance : « On attend des partis politiques qu'ils nous protègent, nous et nos droits, et on voit bien dans les décisions qui sont prises, notamment sur les violences sexistes et sexuelles, qu'ils ne sont pas au niveau. Donc, très clairement, ça continue de nourrir le sentiment que ce n'est pas dans ces endroits-là qu'on va être le mieux représentés et protégés. » Le maintien très symbolique en fonction du ministre de l'Intérieur en dépit des accusations d'abus de pouvoir contre faveurs sexuelles participe du décalage entre les convictions des jeunes générations et le cynisme de la classe politique en place.

Plus généralement, c'est l'insolence avec laquelle certains conduisent les affaires et le peu d'exemplarité dont ils font preuve qui donnent le sentiment d'un fossé irreductible entre les dirigeants politiques et les citoyens, notamment jeunes, plus exigeants. Agathe Hamel a « honte de [sa] classe politique, des intérêts alarmants qu'ils peuvent avoir avec les sphères privées. Quand on caricature et qu'on dit “les jeunes pensent que c'est tous des pourris”, ben, en fait, quand on regarde les affaires sur les vingt dernières années, on leur donne raison, on a un niveau d'exemplarité qui fait honte avec des dirigeants qui défendent principalement les intérêts personnels. Quand on voit Darmanin, Dupont-Moretti, Schiappa…, les affaires qui sont en cours, voire les condamnations passées, on comprend que le désaveu et le désamour des jeunes envers la politique, c'est d'abord parce que les représentants de l'État ont agi et continuent d'agir sans exemplarité ».

Clivages, sectarismes et guerres fratricides, des red flags *pour une jeunesse inclusive, qui veut sortir des postures*

Autre écart important : le constat de base assez massif sur l'incompréhension du clivage droite-gauche chez les jeunes générations. Les enjeux politiques qui nous traversent et qui nous animent sont globaux. Ils collent mal à ces étiquettes dépassées. Ainsi, près de la moitié

(43 %) des jeunes ne se positionnent pas sur l'échelle droite-gauche, selon l'étude dédiée de l'institut Montaigne[1], soit deux fois plus que leurs aînés. Ce qui ne veut pas dire qu'il n'y a plus de clivages, mais leur composition et leur signification diffèrent. Comme le dit Samuel Grzybowski, jeune militant associatif et entrepreneur social : « Le clivage droite-gauche est d'une péremption profonde pour les jeunes. » Inversement, pour les partis, ce clivage est encore hautement structurant. Il fige les partis dans, pire encore, la vision de la politique comme un gâteau à partager. « Il faut impérativement que les partis politiques sortent de la logique de *parts de marché*. Car ça n'est pas du tout la logique majoritaire des jeunes, qui voient l'engagement comme un spectre, très interconnecté, avec des nuances, des changements d'avis possibles, et où le socle de valeurs l'emporte sur la doctrine idéologique et la dimension programmatique », ajoute Samuel.

Les partis, notamment à gauche et pour le plaisir d'attiser les guerres intestines, privilégient l'exact contraire. Pour un jeune engagé sur les questions dites « progressistes » aujourd'hui (climat, social, démocratie), ça n'a pas beaucoup plus de sens de faire partie du PS, du PCF, des Verts ou de LFI. Alors

1. Marc Lazar, *Une jeunesse plurielle...*, 2022, *op. cit.*

que ces quatre mêmes partis, qui ont pourtant miraculeusement créé la coalition de la Nupes, trouvent encore inconcevable de passer de l'un à l'autre sans être pointé du doigt comme au mieux un « transfuge », au pire un « traître ». Ce dogmatisme dans la survie des vieux appareils est pourtant ce qui est le plus sanctionné par les électeurs, à l'image du PS et de LR, qui sont les plus en difficulté de ce fait. « Ce déni de réalité est favorisé par l'endogamie, le côté "caste" des partis, la culture commune qui a ses propres règles. Ils vont qualifier tout ça de "réalisme", alors que nous, les jeunes, on s'en fout : au contraire, on veut un idéal fort, ambitieux, courageux. On veut rendre possible ce qui est souhaitable et pas l'inverse », termine Samuel.

La dimension sacrificielle de la politique

Si j'y reviens concrètement dans les expériences décrites par les jeunes dans différents milieux politiques (chapitre « Quand les jeunes s'infiltrent… »), les partis sont aussi perçus globalement par la jeunesse comme profondément toxiques en matière de relations humaines. Coups bas, trahisons, pratique du *off* dans les médias, amitiés ou inimitiés opportunistes, proximité avec les faiseurs de roi… Il y a une claire opposition entre le fonctionnement des partis et les valeurs relationnelles et professionnelles vers lesquelles la jeunesse tend de façon massive. Là où on a grandi avec le sens de la relation à la nature, dans l'harmonie des écosystèmes, les partis restent très matérialistes (mécanismes de rétributions, de places, de postes). Là où on s'est formés sur la gouvernance partagée, l'horizontalité, les partis restent très pyramidaux. Là où on est sensibles à la pluralité des visages, voire à l'anonymisation des combats (Nuit debout, #NousToutes, Dernière rénovation, Extinction rébellion…), les partis ne peuvent pas fonctionner sans incarnation forte, sans décrocher du mythe de « l'homme providentiel ». Là où on est très attachés à notre liberté, notre autonomie, notre esprit critique, les partis restent sur des règles féodales de détention du pouvoir, qui valorisent la loyauté, l'abnégation, l'obéissance, l'absence d'expression personnelle. C'est d'ailleurs cette incompatibilité que j'ai le plus retrouvée dans mes échanges avec des jeunes militants lorsque je leur ai demandé de se projeter dans l'arène du pouvoir – leur attachement supérieur à leur liberté d'expression et leur autonomie, que le parti ne pouvait, selon eux, qu'écraser.

Comme le dit Pierre Gilbert, jeune consultant en prospective climatique : « Les appareils politiques sont aujourd'hui verrouillés par des gens qui ne donnent juste *pas* envie : on a un monde politique qui a fait sécession de la société, qui fonctionne en vase clos et qui est globalement médiocre. On rentre dans une phase gazeuse de la vie politique, où les personnalités ne sont plus que des machines électorales, et où les temps froids entre deux élections ne sont plus utilisés pour faire de la transmission, former la relève. L'accélération du temps politique a fait qu'il n'y a plus de temps de cerveau disponible et un resserrement des responsabilités. Ça rend impossible d'imprimer son style, de prendre de la hauteur, de se positionner comme héritier. Pour des jeunes générations qui sont habituées à avoir beaucoup d'espace, de créativité, c'est décourageant. Tout l'enjeu est de faire évoluer les structures politiques en ce sens. »

Le paternalisme politique décourage la jeunesse

D'aussi longtemps que je m'en souvienne, dans mon jeune parcours professionnel, j'ai toujours été assez sceptique, sinon choquée, parfois heurtée de la façon dont j'étais traitée du fait de mon âge, et, bien sûr, de mon genre : on m'a régulièrement fait comprendre qu'il fallait rester à ma place, ne pas brûler les étapes, attendre mon tour, ne pas exprimer mon opinion, encore moins si elle était politique. Que prendre l'espace, la parole, c'était passer pour opportuniste, impertinente, illégitime – on m'a déjà dit « chut, tais-toi » en réunion de travail sur un sujet qui relevait pourtant de ma compétence. On m'a déjà interdit de publier des textes, d'apparaître dans les médias, y compris sur des sollicitations personnelles et contre toute disposition légale. On m'a reléguée à des tâches répétitives et exécutantes qui sortaient clairement de ma fiche de poste, mais qui étaient surtout parfaitement inutiles – au risque de tordre le cou aux clichés sur les jeunes sur lesquels je reviendrai, je ne rechigne pas au travail, je suis d'ailleurs plutôt stakhanoviste et j'ai bien conscience que toute la vie active est faite, aussi, de tâches ingrates, mais en l'espèce je parle de fois où ces missions étaient des prétextes pour m'exclure délibérément de la réflexion stratégique et conforter la place des plus anciens, qui pourtant n'avaient pas suivi les dossiers. On s'est approprié un bon nombre de fois mes idées, ma réflexion, mon travail. On s'est permis des expressions publiques vraiment choquantes pour humilier toute une génération à laquelle j'appartiens.

Ces façons de faire, répétées, m'ont inquiétée sur le fossé qu'elles créaient avec ce que j'imaginais du monde professionnel moderne, censé être vecteur d'émancipation et de confiance en soi, lieu de transmission et d'autonomisation. Et puis elles m'ont aussi étonnée au regard du fossé qu'elles créaient avec le type de relations horizontales que j'ai moi-même rapidement entretenues avec les étudiants, stagiaires, apprentis, collègues, plus jeunes que moi, et dont certains ont très largement inspiré cet ouvrage. Pourquoi l'âge devrait systématiquement organiser une hiérarchie naturelle de la parole, de la pensée, de l'autorité, dans un monde où les jeunes semblent naturellement mieux formés, du fait de leur simple appartenance à un siècle, à un tas d'enjeux éminemment critiques ?

J'ai aussi été témoin de la façon dont les jeunes, femmes, racisées, en particulier les jeunes musulmanes, étaient mal considérées, théoriquement et concrètement, par l'institution ; j'ai pris la mesure à de trop nombreuses reprises de combien, même maltraitée du fait de mon âge et de mon genre, j'étais déjà privilégiée par ma couleur de peau et mon appartenance sociale – pas bourgeoise, mais pas précaire. À ce titre, on a qualifié mon militantisme féministe intersectionnel de fatigant, de poussif ou d'hystérique, y compris dans des sphères institutionnelles féministes qui me sont alors apparues comme si décevantes, si ironiquement empruntes des méthodes d'un système qu'elles prétendent vouloir détruire, si sclérosées dans la pensée, si bourgeoise, et si aveugles aux bruits du monde, que j'ai compris que tout cela n'était en rien une affaire personnelle.

Les jeunes comme objets passifs d'étude

Un des premiers signaux du paternalisme politique, c'est de considérer les jeunes avec une certaine distance. Comme l'explique Marylie Breuil, activiste féministe nommée porte-parole du collectif #NousToutes à 20 ans, aujourd'hui conseillère de Sophie

Binet à la CGT: « On ne donne pas de crédibilité aux jeunes: soit parce qu'on ne va pas écouter ce qu'ils ont à dire, soit on va instrumentaliser leur parole. On va vouloir interroger différemment les jeunes pour leur stricte jeunesse, comme catégorie à part. C'est le premier problème. » C'est une façon assez systématique dans le traitement médiatique ou dans les sphères institutionnelles de cantonner les jeunes à leur rôle – erroné – de simples citoyens de demain en formation. La « consultation » des jeunes générations sur les grands sujets de société répond à ce même type de procédé: comme des sous-citoyens dont il faudrait recueillir la parole, homogène et facultative. On ne les interroge d'ailleurs souvent que sur les sujets qu'on prétend devoir les concerner. Parce qu'elles sont jeunes, leur avis compte moins.

Comme le dit aussi Ahouefa Fagbémi, étudiante membre de la Cité des chances et engagée sur la représentation politique des classes populaires, ce moment de « consultation de la jeunesse » est « systématiquement un moment de vitrine, pas un moment de partenariat ». Pour Agathe Hamel, les jeunes sont plus utilisés comme des « objets d'étude » que comme de véritables agents qui pourraient être des vigies sur certains sujets, comme le climat: « On va parler climat pour les générations futures, mais on ne va pas parler de la place des générations futures dans leur réflexion sur le climat. Ce sont les "adultes" qui pensent le monde d'après *pour* les jeunes. On met les jeunes en position de récipiendaires, pas en position de décision. Et puis la jeunesse n'est sollicitée que sur les sujets sur lesquels les "adultes" pensent qu'elle est concernée : on va leur demander leur avis sur le repas à 1 euro, mais pas sur le modèle agricole ou la façon de consommer. C'est un peu comme si on n'interrogeait les femmes que sur les politiques d'égalité entre les femmes et les hommes… »

D'après ma conversation avec Sasha Cantet, activiste écologiste au sein de Dernière rénovation, la sous-citoyenneté des jeunes passe par leur relégation à un rôle attentiste et pessimiste, incompatible avec une action politique constructive : « Même quand on travaille avec les membres des partis, les élus, on est toujours dépeints comme anxieux et démunis. Pour se sentir encore plus légitimes qu'elles ne le sont déjà, les sphères politiques ont besoin de « faire genre » qu'elles nous écoutent, mais on passe systématiquement et a priori pour des éco-anxieux, donc comme des victimes, pas comme des personnes qui pourraient apporter des solutions. » Pour Youcef Brakni, c'est le manque d'expérience qui justifierait l'arrogance des « adultes » à l'égard des jeunes, qui ne peuvent, au fond, pas savoir aussi bien qu'eux. Il regrette que le milieu institutionnel ne le prenne jamais au sérieux, « encore plus quand tu es Arabe (tu es toujours vu comme jeune quand tu es Arabe d'ailleurs), on te dit tout le temps "tu verras quand tu seras plus grand, quand tu auras des enfants, ça te passera, tu seras moins radical"; au contraire, j'ai grandi, j'ai vieilli, et je suis plus affûté que jamais ! » Pour Achraf Manar, les jeunes sont systématiquement un poids quantitatif, jamais qualitatif : « On crée des relations fortes entre les gens, on monte un collectif de 150 membres actifs, on construit des propositions fortes basées sur leur vie et leurs histoires, on porte un plaidoyer, et, côté institutions, on n'est pas calculés. On va inviter les jeunes à des concertations qui n'en finissent plus mais jamais pour décider. On est bons pour faire le nombre en manif, mais côté décision stratégique, on n'a jamais le pouvoir. »

L'épisode de la réforme des retraites est symptomatique de cette violence paternaliste : elle s'est exprimée à l'égard de tous les Français, à travers l'utilisation de nombreux articles constitutionnels pour empêcher le bon fonctionnement démocratique (47-1, 49-3), aussi via l'utilisation d'une dialectique dépassée et dangereuse élite sachante/masse à éduquer, « en même temps » que le gouvernement assénait des contre-vérités et organisait le chaos dans le débat démocratique. Cette posture a été particulièrement forte à l'égard des jeunes. Quand les lycéens ont voulu légitimement s'engager dans le mouvement, ils se sont vu répondre, en gros, « passe ton bac d'abord ». Quand la jeune comédienne Adèle Haenel s'est mobilisée, on lui a fait comprendre que ce n'était pas son rôle, ni sa place. La répression policière extrêmement violente, notamment à l'égard des étudiants, qui a suivi les premières semaines de mobilisation, vient aussi, selon moi, de l'illégitimité structurelle des jeunes à occuper l'espace et la parole, et de la volonté d'imposer un contrôle sur eux, une domination sous couvert de « protection ». C'est particulièrement le cas pour les jeunes issus des quartiers populaires et racisés : tantôt leur absence dans les premiers jours de mobilisation contre la réforme des retraites est critiquée sans s'interroger sur les raisons de cette désertion – soit la violence policière systématique à leur encontre[1], réitérée par la Brav-M contre Souleymane, le jeune Tchadien giflé, intimidé et insulté à Paris en marge des manifestations –, tantôt on les assimile collectivement aux black blocs, tantôt on les animalise ou les réifie. « Les jeunes de banlieue en manif, c'est globalement des hommes racisés en jogging qui ne savent pas s'exprimer,

1. Émilie Vaizand, « Ces Français racisés qui hésitent à aller en manifestation », *Slate*, 28 mars 2023. De manière générale aujourd'hui, 53 % des personnes disent craindre d'aller manifester par peur d'être victimes de violence (sondage YouGov/*Huffington Post,* avril 2023).

qui fument, qui dealent. Il y a tout un imaginaire raciste qui se concentre à ce moment-là. On ne parle jamais des femmes de banlieue, soit les 90 % des gens qui composent mon association par exemple », témoigne Lauren Lolo.

Cet épisode de violence physique ou symbolique s'ajoute aux nombreuses saillies de nos dirigeants depuis quelques années : on se souvient bien, en 2018, du président Macron qui répond au jeune horticulteur au chômage et démuni : « Je traverse la rue, je vous en trouve [du travail]. » On se souvient aussi du silence assourdissant du ministre Darmanin sur les agressions sexuelles présumées des forces de l'ordre sur quatre jeunes étudiantes en mars 2023. Ou encore de l'interpellation, le 6 décembre 2018, des 153 jeunes de 12 à 20 ans dans un lycée de Mantes-la-Jolie et de la scène glaçante, filmée et commentée par un policier (« voilà une classe qui se tient sage »), genoux à terre, mains sur leurs têtes baissées, rassemblés dans la cour du lycée qu'ils cherchaient à bloquer. On reste perplexe aussi devant la guerre sans fin de Gérald Darmanin contre le cannabis (alors que même le CESE affirme que la lutte serait plus efficace avec une légalisation encadrée), ou devant la passion de Brigitte Macron pour l'uniforme à l'école. On se souvient enfin de l'injonction d'un sexisme inégalé du ministre Blanquer à l'égard des jeunes collégiennes pour qu'elles portent une

« tenue républicaine » à l'école. La mise en place du Service national universel, finalement reculée face à la mobilisation de la jeunesse qui s'y opposait depuis un moment, est symptomatique du mépris et de la méprise des dirigeants politiques à l'égard des jeunes, qu'ils préfèrent, au doux prix de 2 milliards d'euros, en uniforme, au garde-à-vous et docile, plutôt qu'émancipée et expressive.

Même les politiques les moins paternalistes peuvent se perdre dans la condescendance : le très jeune député insoumis Louis Boyard, au moment de la mobilisation contre la réforme des retraites, appelle les jeunes au challenge TikTok pour bloquer leurs lycées, suggérant une politisation assez pauvre sinon insultante de la jeunesse. Les nombreux « coups de com » politiques pour « parler jeune ») sont d'ailleurs tous un peu gênants : les Jeunes avec Macron et les Jeunes & Jadot ont créé, à l'occasion de la Saint-Valentin 2022, des profils sur les applications de rencontre en multipliant les messages comme « Viens matcher avec la démocratie » ou « Adopte un Vert ». Slogans assez confondants d'infantilisation. D'ailleurs, quand les jeunes sont recrutés en politique, dans les partis, notamment en tant que bénévoles, ils sont relégués assez systématiquement à la communication sur les réseaux sociaux. Davy Beauvois, ancien président de Fédération des maisons des lycéens (FMDL) et militant au Planning familial, revient sur son expérience de community manager pendant une campagne législative : « Aucune de mes idées n'était respectée, notamment sur une stratégie de communication qui, du coup, s'est révélée totalement désastreuse. C'est marrant comme on cantonne les jeunes à la communication digitale pour leur prétendue expertise naturelle, et, en même temps, on ne respecte jamais leurs propositions en croyant penser mieux qu'eux. C'est faire preuve d'une double stupidité à leur égard. »

Une petite musique anti-jeunes monte dans le débat public

Quand il ne patronne pas la jeunesse, le débat public la disqualifie directement et parfois violemment. Il la dénue, de fait, de toute crédibilité politique. Il rend difficile, voire impossible, la confiance en sa capacité propre à élever sa voix et à se faire une place dans l'espace de pouvoir, de savoir, de parole.

Dans son ouvrage *Sois jeune et tais-toi : réponse à ceux qui critiquent la jeunesse*[1] qui a le mérite et le courage de rééquilibrer rien qu'un peu cette donne sociale, la jeune journaliste Salomé Saqué a épluché les critiques, les séquences

1. Salomé Saqué, *Sois jeune et tais-toi. Réponse à ceux qui critiquent la jeunesse*, Paris, Payot, 2023.

médiatiques, les ouvrages, les articles qui opéraient méthodiquement un *bashing* anti-jeunes depuis une petite décennie. C'est une fois par an désormais qu'est publié un livre à charge contre les jeunes générations: en 2018, *Génération « J'ai le droit ». La faillite de notre éducation*[1], de Barbara Lefebvre; en 2020, *Génération offensée*[2], de Caroline Fourest; en 2021, *OK Millenials !*[3], de Brice Couturier. Se livrer, sur des centaines de pages, à des stéréotypes sur toute une génération, pour certains sans reposer sur un seul témoignage, est un exercice pour le moins confondant d'âgisme, pourtant jamais questionné ni sur le fond ni sur la forme.

On imaginerait difficilement, à l'inverse, une insulte organisée de la génération des boomers sans l'accuser de jeunisme, et ce serait juste. « Dans la presse, on nous sermonne, nous qui ne "compren[ons] pas la vraie vie", on parle de "génération narcissique" ou de "génération douillette" quand on ne nous traite pas d'"inconscients" en pleine pandémie. Pire, une petite partie d'entre nous sommes écolos: un "troupeau de moutons" se livrant à une "infâme propagande de la peur". Sans oublier que nous

1. Barbara Lefebvre, *Génération « J'ai le droit ». La faillite de notre éducation*, Paris, Albin Michel, 2018.
2. Caroline Fourest, *Génération offensée*, Paris, Grasset, 2020.
3. Brice Couturier, *OK Millenials!*, Paris, L'Observatoire, 2021.

sommes "incultes": "Une jeunesse plus abrutie que celle des générations précédentes" pour reprendre les mots du *Point*[1]. » Les procès tantôt en narcissisme, tantôt en individualisme ou en paresse se multiplient pour finir par faire le portrait d'une jeunesse égoïste, inculte, fainéante, dénuée de conscience politique, désengagée, insensible au bien commun. En même temps, elle est surpolitisée, radicale dans ses modes d'action, annihilante par la *cancel culture* qu'elle propage. Le billet « Place aux jeunes » de Sophia Aram en date du 24 avril 2023[2] est, dans un registre condescendant, symptomatique de cette injonction contradictoire: les jeunes à la fois « ne veulent plus faire barrage à l'extrême droite » et sont en même temps des « instagrameurs de la rebellitude ». Bref, la jeunesse est disqualifiée par essence et par principe, quoi qu'elle fasse.

Le rapport au numérique des jeunes générations fait tout particulièrement l'objet de fantasmes et de généralités infondées, qui transforment des faits divers en vérités générales: on parle de générations détraquées, biberonnées aux réseaux sociaux et au porno, de « génération

1. Salomé Saqué, *Sois jeune et tais-toi*, 2023, *op. cit.*
2. Sophia Aram, *Le billet de Sophia Aram*, France Inter, 24 avril 2023.

YouPorn[1] » ou de « génération toc-toc[2] ». Une jeunesse nécessairement violente, obsédée et inconsciente. On refuse de voir qu'internet enrichit *aussi* notre compréhension de la sexualité. Qu'il nous forme à bien des égards (et bien plus que nos aînés) sur les notions de consentement, d'identité de genre, de norme hétérosexuelle[3]. Qu'il renforce notre intolérance et notre résistance aux violences sexistes et sexuelles.

Alors que nos dirigeants politiques multiplient les annonces pour contrôler les contenus, réguler le numérique, interdire l'accès des sites aux mineurs, jamais il n'est question d'explorer aussi et réellement les usages des jeunes sur internet. Pourtant, leur potentiel politique est évident depuis #MeToo, le hashtag Twitter qui a retourné la planète… Selon les sociologues Yaëlle Amsellem-Mainguy et Arthur Vuattoux : « Une parole plus immanente – issue des réseaux sociaux – semble être l'indice d'une accélération de la démocratisation des questions sexuelles : l'égalité entre

1. Ifop, « Les adolescents et le porno : vers une "Génération YouPorn" ? », 20 mars 2017.
2. Ifop, « Génération TikTok, génération "toc-toc" ? » 12 janvier 2023.
3. À défaut, soit dit en passant, de bénéficier d'une éducation à la sexualité digne de ce nom : pour rappel, seulement 2,7 sur 21 séances obligatoires à la vie sexuelle et affective sont tenues.

les femmes et les hommes, la liberté et l'égalité dans le choix de sa sexualité, la question des frontières de l'acceptable sont désormais discutées dans différentes arènes publiques et intimes, du Parlement aux échanges entre amis, des médias généralistes à la sphère du couple en passant par la mise en place d'actions par les pouvoirs publics, des programmes associatifs ou des initiatives citoyennes locales[1]. »

Le rapport au travail des jeunes générations fait lui aussi l'objet de vérités générales infondées. Alors que les paramètres socio-économiques qui conditionnent leur entrée sur le marché du travail sont bien plus difficiles qu'avant, que les procédures de recrutement sont de plus en plus exigeantes, déstabilisantes, sans toujours comprendre leur bien-fondé, « les jeunes ne veulent plus travailler ». Pourtant, le taux d'emploi (soit le nombre de personnes de 15 à 64 ans qui travaillent) n'a jamais été aussi important depuis 1975, donc on n'a jamais autant bossé depuis cinquante ans… Et la durée annuelle du travail ne recule plus pour la première fois depuis un siècle – donc, au contraire, nous sommes la première génération qui ne travaille pas moins que la génération précédente.

---

1. Arthur Vuattoux et Yaëlle Amsellem-Mainguy, *Les jeunes, la sexualité et internet*, Paris, Les Pérégrines, 2020.

Là encore, la repolitisation et la relativisation du travail par les jeunes, accélérée pendant la pandémie de Covid-19 et la réforme des retraites[1], pourraient inspirer les pouvoirs publics. À l'inverse, notre réflexion sur le sens du travail, la remise en cause de la culture du burn-out, de l'idéal capitaliste qui éreinte les corps et la planète, le productivisme forcené, la volonté d'investir le travail d'un sens existentiel, sont plutôt compris par nos aînés comme autant d'excuses trouvées pour ne pas travailler : « Chez certains jeunes, avouons-le, les interrogations permanentes sur le sens du travail sont surtout l'alibi commode d'une furieuse envie de ne pas trop bosser », tweete au doigt mouillé Olivier Babeau, essayiste et président de l'Institut Sapiens, le 22 juin 2022.

La sociologue Julie Couronné, qui a longtemps analysé le rapport au travail des jeunes en multipliant les enquêtes statistiques et les témoignages, affirme pourtant le contraire :

1. Voir notamment la tribune du *Monde*, « Réforme des retraites : "Nous ne voulons pas de ce monde qui glorifie la 'valeur travail', mais qui crée de l'exclusion et détruit la planète" », signée par dix jeunes militants – Camille Étienne, Anne Le Corre, Felix Sosso, Lumir Lapray… – et qui demandait clairement justice pour le double préjudice, social et écologique, que cette réforme fait subir à une jeunesse qui veut travailler moins et mieux.

« À rebours de l'idée que la "valeur travail" est en perdition chez les jeunes, nos observations montrent un attachement fort au travail de la part des jeunes, notamment ceux issus des classes populaires. » Elle ajoute : « Si le regard politique et médiatique s'orientait moins sur les jeunes et leurs comportements jugés plus ou moins adéquats à l'égard du travail que sur les conditions dans lesquelles ils recherchent et exercent leur emploi, le débat public serait autrement engagé. »

Mais c'est sans doute dans son rapport à la morale et aux modes d'existence que la jeunesse est la plus disqualifiée. On assiste depuis quelques années à l'orchestration d'une guerre narrative qui discrédite, aux yeux du grand public, la « génération woke ». C'est-à-dire une jeunesse mythifiée qui se fourvoie dans cette « idéologie » visant – ô malheur – à systématiser le non-racisme et le non-sexisme dans la société et les rapports humains… Ce discrédit du « wokisme » fait primer à l'inverse une prétendue rationalité qui n'est autre que l'idéologie dominante (masculine, blanche, hétérosexuelle, cisgenre, valide, millénaire). Mais heureusement des militantes comme Alice Coffin existent pour dénoncer le phénomène, en l'occurrence dans son milieu professionnel des médias : « Invoquer la neutralité dans une rédaction, c'est d'abord affirmer que certains peuvent écrire sur tout quand d'autres ont des biais. C'est établir un privilège[1]. »

Cette prétendue neutralité s'exerce sans lésiner sur les doubles biais : on reproche à cette « génération woke » de ne plus avoir d'humour dans son attitude *cancel*. Mais *en même temps* d'utiliser l'humour et la joie dans son expression politique, qui est une affaire sérieuse, voyons. @mcdansepourleclimat, *aka* Mathilde Caillard, activiste chez Alternatiba Paris et collaboratrice de la députée Nupes Alma Dufour, en a fait les frais pendant les manifestations contre la réforme des retraites. Elle qui se fait appeler « techno-gréviste », utilisant la danse comme moyen de protester et de faire la lumière sur les messages de lutte, s'est fait recadrer par des raids sur les réseaux sociaux. Elle comme beaucoup d'autres militantes qu'on fait passer pour inefficaces et un peu gourdes. Même procès en naïveté, allègrement sexiste au demeurant, contre Polska et Tootatis, deux jeunes influenceuses qui appelaient à la mobilisation contre la réforme des retraites, par le chroniqueur Nicolas Fresco dans *Quotidien*.

1. Alice Coffin, *Le génie lesbien*, Paris, Grasset, 2020.

Le traitement de la question trans est symptomatique de la rhétorique anti-jeunes qui s'élève dans le débat public. Il y a un fossé culturel qui se creuse entre les jeunes générations dites « woke », particulièrement mobilisées sur ce sujet, et l'écrasante majorité de nos dirigeants qui, au mieux, ignorent éhontément le vécu des personnes trans, ou pire, s'opposent carrément à leur existence (et font de leur négation un programme politique).

En témoigne le retard de la France en matière de droits des personnes trans, d'accompagnement non pathologisant de leurs parcours, de démédicalisation des identités et d'autodétermination des minorités de genre. De même, la multiplication depuis quelques années des violences et discours anti-trans très virulents, des mouvements transphobes réactionnaires, qui viennent de façon classique de la droite et de l'extrême droite, mais aussi de la gauche ou des libéraux qui se disent « républicains et universalistes ». La députée Renaissance Aurore Bergé a ainsi déposé un amendement excluant les personnes trans de l'inscription de l'accès à l'IVG dans la Constitution.

La rupture intergénérationnelle qui se cristallise autour de la question trans va jusqu'à envenimer les milieux féministes. Il y a les femmes qui se disent « universalistes », qui diffusent une rhétorique mortifère selon laquelle le combat des femmes trans invisibilise le combat féministe – ce qui n'est pas sans rappeler les discours d'exclusion du mouvement lesbien des luttes féministes dans les années 1980. Et puis il y a les intersectionnelles, en général plus jeunes, qui intègrent les combats des personnes trans et le sujet de leur invisibilisation dans le débat public dans un élan commun contre le patriarcat.

Inutile de préciser lequel de ces deux courants est le mieux représenté dans les institutions politiques.

*

Qu'elle s'engage, milite, travaille, s'informe, embrasse et promeuve des modes d'existence non normés, la jeunesse est systématiquement disqualifiée en tant que sujet politique propre et intelligent. C'est à partir de là qu'il faut observer le rapport sceptique qu'elle entretient avec la démocratie.

La fracture : abstention, défiances et écœurements des jeunes face au système politique

Manque de représentation, paternalisme, logiques d'appareils, rhétorique anti-jeunes, sentiment d'exclusion de la chose publique…, tout cela explique la défiance des jeunes générations face au système politique, qui, selon eux, n'a plus la capacité de changer la vie.

Une détestation de la politique

Près de quatre Français sur cinq pensent que les responsables politiques ne se préoccupent pas d'eux, et 75 % pensent que les hommes politiques sont déconnectés de la réalité et ne servent que leurs propres intérêts[1]. Dans l'enquête annuelle[2] menée par Harris Interactive et Challenges sur l'état de la France, on apprend aussi que 66 % des Français considèrent les responsables politiques comme les premiers coupables du déclin de la France. La détestation de la politique est générale, mais elle est encore plus prégnante chez les jeunes générations : plus de huit jeunes sur dix ne croient pas en l'action politique[3].

Ce phénomène s'explique notamment par le sentiment de déconnexion des élites politiques des réalités de terrain que les jeunes vivent plus

---

1. Vague 13 de l'étude du Centre de recherches politiques de Sciences Po (Cevipof), « En qu(o)i les Français ont-ils confiance aujourd'hui ? », janvier 2022.
2. Harris Interactive pour *Challenges*, « Le cœur des Français 2022 », juillet 2022.
3. Frédéric Dabi, Stewart Chau, *La fracture*, Paris, Les Arènes, 2021.

concrètement, tant dans leurs propres modes d'action politique (j'y reviendrai) que dans le contexte socio-économique et les perspectives particulièrement défavorables dont ils sont des victimes de premier plan, la « génération sacrifiée » par une suite d'arbitrages politiques.

Et ce sentiment progresse à mesure que les promesses non tenues sur le changement de méthodes démocratiques ont été brisées, une à une : après « l'erreur fondamentale » de la gestion de la crise des Gilets jaunes, l'appel à « plus de proximité et d'humanité », la promesse d'un « monde d'après » dans lequel « rien ne serait plus jamais comme avant », celle de se « réinventer » après la réélection de 2022, le portage « sans filtre » des revendications citoyennes dans la Convention citoyenne pour le climat, l'annonce d'une « refondation parlementaire » après l'échec orchestré du débat sur la réforme des retraites…, la confiance paraît définitivement rompue, car rien n'a été fait. Antonio Gramsci écrivait : « La classe dominante a perdu le consentement, c'est-à-dire qu'elle n'est plus dirigeante, mais uniquement dominante, et seulement détentrice d'une pure force de coercition. » Pour moi, comme pour bon nombre de jeunes, notamment ceux qui se sont mobilisés pendant la réforme des retraites ou contre les violences policières, c'est ce moment que nous vivons.

La multiplication des scandales politico-financiers ces dernières années (affaire Cahuzac, Penelope Gate, nombreux conflits d'intérêts, soupçons d'emplois fictifs, complaisance avec le secteur de l'influence et du grand capital – McKinsey, Uber…) renforce aussi le sentiment de mésestime des leaders politiques, particulièrement chez les jeunes qui demandent une plus grande transparence de la vie publique : 99 % des jeunes pensent que les hommes politiques sont corrompus[1].

Sasha Cantet me confie qu'elle apprend beaucoup plus avec les personnes qui l'entourent désormais – des experts de la rénovation énergétique, thermique, des personnes issues de la Convention citoyenne pour le climat…, « des gens qui connaissent leurs sujets quoi. Les politiques, ils ne connaissent pas leurs sujets, y compris sur leurs missions spécifiques : Agnès Pannier-Runacher [ministre de la Transition écologique], elle n'y connaît rien en rénovation. Donc, je pense que le changement viendra par nous, pas par la politique d'aujourd'hui ». Stacy Algrain est bien au fait de la déconnexion des élites devant les problèmes des concernés. Elle a grandi sur les rives de l'étang de Berre, deuxième plus grande concentration d'usines Seveso, responsable

1. Centre de recherches politiques de Sciences Po (Cevipof), « Génération What? », 14 décembre 2016.

de sa maladie chronique inflammatoire et de nombreux cancers autour d'elle. Militante écologiste, fondatrice de *Penser l'après*, elle ajoute : « Dans ma famille, on m'a toujours dit "la politique, c'est pour les pourris, et si tu veux vraiment changer les choses, si tu es trop franche, ça va te retomber dessus". Je me suis posé la question d'aller en politique, mais je n'ai pas la force : les gens s'épuisent dans les problématiques interpersonnelles, loin des réalités, et je vois bien que ce n'est pas forcément les plus méritantes ou les plus bienveillantes qui sont les plus reconnues en politique. Moi, j'essaye au contraire d'aller dehors, d'aller voir les autres trajectoires loin des privilèges, des trajectoires des vraies vies. »

La perte de crédit du politique tient donc au fait que de nombreux jeunes ressentent le monde politique comme impuissant à véritablement et profondément changer les choses. Il y a notamment, dans une partie notable de la jeunesse, une contradiction entre l'absolue urgence de l'irréversibilité climatique et la lenteur du rythme des réformes à impulser pour y faire face.

L'absentionnisme est éminemment politique

Les jeunes en France, en Europe, dans une moindre mesure comme leurs aînés, tendent à s'abstenir toujours davantage de voter depuis plusieurs décennies. L'abstention a atteint des records aux dernières élections régionales et municipales, particulièrement chez les 18-24 ans où elle a atteint 87 %. Sans égaler le sommet de 1969, l'abstention a encore enregistré une nette progression aux élections présidentielles de 2022, à 28,01 %. Au second tour, 41 % des 18-24 ans ne se sont pas exprimés. Au premier tour des législatives de 2022, l'abstention s'élève à 52,9 % un pourcentage inédit sous la Ve République, et 53,7 % au second tour. 70 % des moins de 35 ans n'ont pas voté.

Cette progression est d'autant plus inquiétante que la gauche, dans la plupart de ses composantes, s'est électoralement unie pour cette élection au sein de la coalition de la Nupes. Ses points programmatiques communs coïncidaient avec beaucoup de revendications de la jeunesse – nationalisations, augmentations des salaires, investissement public pour l'éducation et la recherche, volet écologique assez consistant. La promesse qu'« un autre monde est possible », pour reprendre la formule de Jean-Luc Mélenchon, pouvait notamment donner raison au désir de rupture et d'alternative au système politique que les jeunes appellent de leurs vœux.

Mais leur abstention, souvent perçue par les observateurs hâtifs comme une indifférence aux enjeux communs, est en fait plus profonde et plus structurelle qu'un strict moment électoral. L'offre politique n'est plus en mesure de les convaincre de transformer les intérêts et les participations des jeunes, réelles, en participation politique traditionnelle par le vote. Chose que le leader de LFI ne semble pas avoir compris, lui qui les admonestait sur France 2 le 13 juin 2022 : « Je veux dire aux jeunes qu'il faut qu'ils se mêlent de leurs affaires. Ce n'est pas la peine de venir râler sur Parcoursup si après on ne vote pas pour ceux qui veulent l'abolir », comme si les jeunes étaient des sales gosses, des ingrats politiques. Par ailleurs, même arithmétiquement, le désengagement des jeunes générations du strict vote est logique : le déséquilibre démographique parmi les électeurs est tel – en France, les plus de 65 ans représentent 19 % de la population, mais un tiers des votants, la moyenne d'âge de l'électeur inscrit est de 50 ans – que, même si les jeunes votaient massivement, et sauf à abaisser le seuil d'âge, il n'y aurait pas de bascule possible. Cela renouvelle la thèse formulée par Daniel Gaxie en 1978 selon laquelle un « cens caché » tient les classes populaires éloignées du jeu politique auquel elles ne croient plus. Cette fois, ce sont aussi les jeunes que la politique exclue, et dont ils ne peuvent plus rien attendre.

Dans son ouvrage *Politiquement jeune*[1], la sociologue Anne Muxel explore ainsi les raisons de leur abstention : lors des élections de 2017, elle montre que presque la moitié des jeunes se déclarent insatisfaits de l'offre électorale, et qu'ils utilisent l'abstention pour manifester leur mécontentement (31 %) et qu'ils expriment des doutes sur la capacité de l'élection à changer réellement les choses (31 %). Autre explication complémentaire, la précarité socio-économique des jeunes et leur sentiment de déclassement les détournent structurellement de l'envie, ou de la disponibilité de voter pour une élite dont ils ont le sentiment qu'elle a soit organisé cette donne sociale, soit n'a rien fait pour la changer, notamment la gauche qui a tant déçu. L'éloignement des participations traditionnelles à la citoyenneté est ainsi encore plus prononcé chez les jeunes peu diplômés et/ou rencontrant des difficultés d'intégration sociale. Céline Braconnier et Jean-Yves Dormagen[2] soulignent ainsi que l'accroissement de l'abstention fonctionne comme un « amplificateur des inégalités sociales de participation ». Depuis 2002, les personnes sans diplôme, les plus abstentionnistes, connaissent

1. Anne Muxel, *Politiquement jeune,* La Tour-d'Aigues, l'Aube, 2018.
2. Cécile Braconnier et Jean-Yves Dormagen, *La démocratie de l'abstention,* Paris, Gallimard « Folio », 2007.

aussi la plus forte hausse de l'abstention. Les écarts entre les diplômés et les non-diplômés se sont accrus entre 2002 et 2017, expliquant une auto-exclusion des individus les moins dotés en capital culturel et en « compétences politiques », elles-mêmes largement déterminées par l'origine sociale et le milieu scolaire.

Enfin, la sous-représentation des thématiques préoccupant la jeunesse dans la conduite des politiques publiques et des campagnes est aussi un important facteur d'abstention. Le sentiment d'un manque de représentation de leurs idées est le principal frein au vote des jeunes (23 %) selon le baromètre DJEPVA. Inversement, lors des dernières élections européennes, la participation a été de 39 %, soit une progression inattendue de 14 points par rapport au scrutin de 2014. De même, chez les 25-34 ans avec 40 % de participation, contre 27 % en 2014. Les thématiques ayant jalonné la campagne – économie et croissance, changement climatique, droits de l'homme et démocratie – ont été des facteurs de motivation importants pour les jeunes qui refusaient en grande partie de laisser la vague nationaliste submerger l'Europe, comme le confirme la tribune des *Jeunes Européens* à l'issue du vote[1]. Le détournement

1. « Élections européennes : les jeunes ont choisi l'Europe ! » *Jeunes Européens France*, mai 2019.

des jeunes des formes classiques de participation n'est donc pas une fatalité quand on en comprend les raisons.

*

Il y a tout un système à déconstruire.

La jeunesse ne se reconnaît pas dans ses représentants. De plus en plus déconnectés des vrais enjeux du terrain, ces derniers sont aussi, pour elle, trop peu réactifs face à l'urgence des chantiers politiques, irréversibilité climatique en tête. Leur appartenance uniforme à une certaine génération, mais aussi très souvent à une classe, une couleur de peau, un genre, un réseau, et des lieux de pouvoir qui les confortent encore dans le caractère exceptionnel de leur fonction éloignent toujours plus les politiques des citoyens, mais surtout les citoyens des politiques.

À ce titre, ce sont tout particulièrement les jeunes générations qui sont les moins représentées dans leur diversité, mais encore dans les sujets qui les inquiètent viscéralement, sur lesquels les jeunes se sentent donc impuissants. Le traitement qui leur est réservé dans le débat public, qui les réduit régulièrement à une génération déraisonnable, finit par les déposséder de leur poids démocratique. Devant une classe dirigeante déconnectée, qui semble ne jamais changer le cours des choses, qui semble faire de la politique une pratique culturelle élitaire, un « passe-temps », voter ne sert à rien.

Faut-il conclure à leur décrochage citoyen ? Non ! C'est tout le contraire. Les attentes des jeunes générations sont tout simplement en décalage avec l'offre d'un système essoufflé et malade. Les jeunes ne sont, ni moins engagés, ni moins intéressés que leurs aînés par ce qui les entoure. Pour Stacy Algrain : « Les jeunes veulent se politiser en dehors des partis, qui sont le vestige d'un monde dont on ne veut plus. Et pour une raison inhérente à la jeunesse : la fougue, l'esprit de révolte qui nous pousse à tout déconstruire, et à reconstruire, à l'extérieur du monde des "adultes". » Ils vivront plus longtemps avec les conséquences de la casse sociale et de l'irréversibilité climatique qu'ils n'auront pas arbitrées. Et pour cette raison, ils s'engagent, plus que jamais, partout où ils le peuvent, pour se battre dans cette urgence.

Les jeunes, nains politiques, géants militants

> « Avoir 22 ans aujourd'hui, c'est grandir dans un monde où la possibilité même d'un avenir est incertaine, et pourtant se battre encore et y croire. C'est finalement avoir le pessimisme de la raison et l'optimisme de la volonté. »
>
> CAMILLE ÉTIENNE,
> France Inter, 14 octobre 2020

En 2023, les jeunes s'engagent partout. Aux États-Unis, 16 jeunes âgés de 5 à 22 ans gagnent un procès contre l'État du Montana sur le dérèglement climatique. En Iran, les jeunes femmes mènent un mouvement de contestation contre le pouvoir théocratique. En France, les lycéens se mobilisent contre la réforme des retraites et la pratique autoritaire du gouvernement.

Face à cette vague, la classe politique a un train de retard. Elle ne perçoit pas le besoin presque compulsif des jeunes citoyens de participer très activement à la démocratie et à la définition d'un avenir commun. Alors que les jeunes sont absents des cercles classiques de décision, ils n'ont jamais été aussi politiquement engagés. Sur le fond – inégalités sociales, climat, démocratie, anticapitalisme… – comme sur la forme – horizontalité, inclusivité, action directe… Partout, ils exercent, marchent, poursuivent, traquent, pressurisent, boycottent, organisent, mobilisent, sensibilisent. Ils ont le goût de la politique, au sens propre.

C'est par leur engagement même qu'ils finissent par constituer une *génération*.

Une génération éminemment politique

La jeunesse inédite de l'engagement

La mobilisation contre la réforme des retraites durant les premiers mois de l'année 2023 a marqué un retour en force et sur le devant de la scène des jeunes : 80 universités bloquées, dont l'université Paris-Panthéon-Assas pour la première fois de son histoire, 400 lycées mobilisés… La jeunesse s'est alors fait l'écho du réveil de 1968 (de nombreuses pancartes indiquaient : « tu nous mets 64, on te mai 68 »), mais surtout elle s'est mobilisée bien au-delà de la réforme elle-même pour la démocratie et contre la casse sociale.

Cette mobilisation politique des jeunes a étonné à l'époque, elle est apparue comme absolument inédite, a fortiori sur un sujet qui ne devait pas les concerner. Mais la multiplication des actes politiques de la jeunesse précède en fait largement ce moment : quelques mois avant, le collectif Dernière rénovation multiplie les actions spectaculaires en bloquant les routes, Roland-Garros, le Tour de France, la cérémonie des César, en aspergeant de peinture orange les façades des préfectures ou des ministères. Depuis quelques années, le mouvement Climat, le collectif #NousToutes et le comité Adama organisent des marches et des rassemblements. Depuis 2008, les mouvements comme Occupy Wall Street aux États-Unis, Nuit Debout en France, Indignados en Espagne, le Printemps arabe, à Hong Kong, au Québec se multiplient avec pour points communs le rôle central des jeunes, leur demande d'accès à l'autonomie, leur exigence de participation démocratique, le sentiment que le constat est trop grave pour demander gentiment.

La colère

Le point commun des différents engagements politiques des jeunes générations aujourd'hui, c'est un sentiment d'injustice. Loin des ambitions personnelles ou de la soif de pouvoir, la colère est triple.

Il y a d'abord, particulièrement chez les jeunes diplômés, une colère et un sentiment d'impuissance face à l'inaction des pouvoirs publics. Notamment sur le climat : pour 84 %, c'est le premier sujet d'inquiétude, et 63 % pensent que l'État n'en fait pas assez[1]. Ces jeunes vont s'orienter principalement vers les manifestations proclimat ou les mouvements étudiants.

Il y a aussi la conviction bien ancrée du déclassement. Une projection malheureuse dans l'avenir, qui se traduit par une lassitude de la vie. Une frustration vécue spécifiquement chez les jeunes moins diplômés et moins favorisés, à l'égard d'un système qui les met en échec, et qui va se traduire par une abstention ou des votes radicaux.

Il y a enfin une colère forte liée aux discriminations. Inspirée des mouvements américains comme #MeToo et Black Lives Matter, mondialisée via les réseaux sociaux, cette colère va davantage se traduire en France par la création de collectifs, d'associations, de groupes de parole, sur le terrain.

1. Amandine Lepoutre, « Climat : face aux catastrophes, les États ne peuvent plus se contenter des petits pas », *Challenges*, 8 juillet 2021.

… Et les jeunes de droite ?

Les jeunes du camp écologiste, populaire, démocratique et social ne sont pas les seuls à être politisés. Beaucoup d'entre eux, au centre, à droite, à l'extrême droite, font de la politique, parfois même à un niveau bien supérieur, à l'image de Jordan Bardella. Mais si je ne parle pas d'eux dans ce livre, c'est que je souhaite me circonscrire à ma première question, fondamentale : « Au fond, c'est quoi, faire de la politique ? » Et pour moi, les jeunes de ces blocs de l'exclusion, du nationalisme et du capitalisme n'incarnent qu'un renouveau générationnel au service d'idées conservatrices et de vieux fonctionnements politiques. Ils ne participent qu'à mettre ces vieux systèmes sous perfusion. À l'inverse, ce qui m'intéresse dans ce texte, c'est la jeunesse qui invente, qui fait véritablement *rupture* avec le système en place. Celle qui est la seule finalement à pouvoir garantir un avenir politique. C'est aujourd'hui du côté des luttes du bloc social-écologique que cette nouveauté s'exerce et s'affirme.

Des figures mondiales de l'engagement politique

De Greta Thunberg, militante écologiste suédoise engagée dans la lutte contre le réchauffement climatique, à Malala Yousafzai, militante pakistanaise pour l'éducation des enfants et surtout celle des filles, en passant par

Emma Gonzalez, qui lutte contre les armes aux États-Unis, Joshua Wong Chi-fung, militant prodémocratie hongkongais, fondateur du groupe Scholarism, Sepideh Qolian, activiste politique en Iran, Melati et Isabel Wisjen, qui luttent contre les déchets plastiques en Indonésie, Jazz Jennings, pour les droits LGBT aux États-Unis, Luisa-Marie Neubauer, principale organisatrice de la grève étudiante pour le climat Fridays for Future, les visages de la jeunesse engagée sont mondialement connus. Ils sont particulièrement jeunes (Greta Thunberg a commencé à militer à 15 ans, Melati et Isabel Wisjen à 10 et 12 ans) et très souvent féminins.

La France fait aussi émerger de nombreuses jeunes figures connues du grand public. Toutes sont remarquables par leurs combats, se sont fait connaître en dehors des structures politiques ou collectives traditionnelles dont elles auraient sans doute émergé il y a quelques décennies. Aujourd'hui, rayonner en dehors des sphères classiques de décision fait justement partie de leur ambition. Dans le monde militant, il y a par exemple l'activiste pour le climat et la porte-parole de l'association On est prêt Camille Étienne, l'influenceuse féministe Anna Toumazoff, le syndicaliste lycéen Manès Nadel, Mathilde Caillard, militante Alternatiba, qui a fait le « buzz » en manifestation en dansant sur de la techno et en scandant « retraites, climat, même combat », ou encore Vipulan Puvaneswaran, militant Youth for Climate et héros du film *Animal*, de Cyril Dion, Ritchy Thibault, le plus jeune des Gilets jaunes. Dans le monde des médias, la journaliste Salomé Saqué, remarquée pour son travail sur les inégalités femmes-hommes, le climat et la jeunesse. Rémi Buisine, vidéaste connu pour être toujours en immersion, Hugo Clément, militant écologiste pour le bien-être animal, Hugo Travers (Hugo Decrypte), YouTuber qui a commencé par un décryptage quotidien de la pandémie du Covid-19. Dans le monde des affaires et de l'entreprenariat, Eva Sadoun, cofondatrice de la plateforme d'investissement dans des entreprises à impact social et environnemental LITA.co. Dans le monde associatif, Lauren Lolo, cofondatrice de la Cité des chances pour promouvoir l'engagement citoyen des jeunes de banlieues, ou Lyes Louffok, militant pour les droits de l'enfant…

La réinvention du politique en dehors de la politique

Depuis un peu plus d'une décennie, les jeunes ont bel et bien redonné à la politique ce qu'elle avait perdu : la volonté de changer la vie, de rompre avec les règles d'un jeu social imposé. L'engagement politique, contrairement à ce qu'on voudrait nous faire croire, est devenu viscéral chez eux : face à l'urgence, plus d'un tiers trouve essentiel de s'engager dans la lutte contre le réchauffement climatique. Un jeune sur cinq est davantage prêt à mourir pour la planète que pour le France[1].

À l'inverse, les façons classiques de s'engager sont considérées comme inutiles par les jeunes. Participer à un meeting ou à une réunion politique pour lutter contre le réchauffement climatique est la proposition la plus inefficace sur les douze faites par le sondage Ifop/Fondation de France[2]. Le mode de mobilisation partisan très timide est en cause, pourtant au cœur même de la mission et de l'existence des partis…, et qui s'éloigne des moyens militants déployés par les jeunes. Marylie Breuil me confie ainsi : « Les structures politiques ne correspondent plus du tout aux attentes des jeunes qui veulent des modes de mobilisation par l'action coup-de-poing, l'appropriation de l'espace public, des gestes forts. Pas des "cafés militants" ou des "cafés politiques de quartier" qui ne parlent à personne. C'est là qu'on voit que les institutions sont en décalage total avec ce que peuvent penser les jeunes et ce qu'ils veulent. Ça ne donne

---

1. Frédéric Dabi, Stewart Chau, *La fracture*, 2021, *op. cit.*
2. Ifop/Fondation de France, « Les jeunes et l'engagement », octobre 2022.

pas envie de s'engager dans ces structures. Ça donne juste envie de faire de la politique en dehors du système politique tel qu'il est pensé aujourd'hui. » Et Lauren Lolo d'ajouter : « Les réunions de partis, c'est beaucoup de blablas, de réflexions autour du programme… Quand tu as le ventre vide, philosopher sur l'avenir du pays sur les quinze prochaines années, c'est irréaliste. » Leur conception de la politique et de sa pratique se passe bien en dehors des sphères classiques.

Alors qu'il y a trente ans, ces jeunes auraient sans doute été en première ligne dans les syndicats et les partis politiques, ils choisissent aujourd'hui d'autres moyens d'action, d'autres lieux d'engagement, et renoncent à passer par le parti, qui détient pourtant encore le monopole hégémonique de la vie électorale.

Réinterroger la façon dont on fait société : la politique dans ce qu'elle a de plus noble

Dans la mobilisation contre la réforme des retraites, c'est à partir de l'utilisation du 49.3 par le gouvernement que la jeunesse a rejoint massivement les rangs des contestataires. En cela, les jeunes générations ont donné un souffle global aux revendications. Elles ont affirmé un besoin de changement bien au-delà de la réforme. Elles ont catalysé un certain nombre de questions nouvelles qui dépassent très largement celles des strictes pensions : dans quel monde souhaitons-nous travailler, sur quelle planète désirons-nous vivre, quelle société voulons-nous défendre, quelle réforme des institutions devons-nous urgemment adopter ?

Ce faisant, ils font de la politique dans ce qu'elle a de plus noble. C'est-à-dire ce qu'elle propose pour le collectif, en quoi elle se bat pour autrui, pour une éthique commune et pour faire société. Et c'est bien ce qui caractérise l'engagement des jeunes, contrairement au prétendu individualisme qu'on leur prête volontiers : la capacité à systématiquement voir l'avenir en commun. En témoignent les nombreux ponts qu'ils initient de façon inédite depuis quelques années. Par exemple, l'écoféminisme, courant qui pose au centre de sa réflexion la question des relations de genre et de domination dans l'approche de la protection environnementale, est un prisme particulièrement actif chez les jeunes générations.

C'est la volonté d'un changement total qui caractérise leur engagement. « Nous, on a envie de révolution. On peut et on veut faire changer les choses, ouvrir des sujets qui avant n'étaient jamais abordés », me confie Anissa Maille, activiste féministe et fondatrice de l'association Young & Safe qui lutte contre les différents types de violences faites aux enfants et aux adolescentes. Une autre économie, plus solidaire, plus respectueuse des limites de la planète, qui postule le dépassement du PIB, la fin du capitalisme et de la toute croissance, la promotion de la sobriété est l'axe particulièrement soutenu par la jeunesse pour proposer un autre modèle de société. À l'image d'Eva Sadoun, jeune entrepreneuse sociale qui propose une finance juste, vertueuse, sociale et environnementale, et qui rompt avec un système « fondé sur la domination de l'humain, de la nature, des femmes[1] ».

Sur les enjeux sociaux, Davy Beauvois me confie que ce sont les jeunes militants du Planning familial comme lui qui sont à l'origine d'une révolution intellectuelle au sein de l'association : « C'est grâce aux jeunes qu'on a fait bouger la ligne sur les nouveaux sujets féministes, la dimension intersectionnelle et la coalition des combats. Du coup, même les personnes les plus âgées ont commencé à questionner la transidentité, le travail du sexe, la place de l'islam. Ce sont des sujets qui sont devenus des points de clivage dans toutes les organisations féministes, à l'initiative des jeunes pour instaurer le dialogue et essayer de contrer les discours réacs. »

1. Sofiane Zaizoune, « Eva Sadoun : "Le capitalisme a abouti à un système de rentiers, incapable de résoudre la crise climatique" », *Madame Figaro*, 27 mai 2022.

Que ce soit sur les enjeux économiques – climat, travail, emploi, pandémie, immigration, mythe libéral, mérite – ou sur les questions de société – déconstruction du genre, intersectionnalité, dénonciation des dominations, politisation de l'amour, désérotisation de la violence pornographique, etc. –, aucun sujet de société ne semble échapper à la reformulation du monde que nous proposons. L'ensemble des combats est pensé de façon systémique, c'est ce qui fonde la puissance des nouveaux récits politiques : immigration et climat, fin de l'androcène, domination de la nature et de l'humain… À ce niveau « métapolitique », le débat public fait d'ailleurs émerger de façon inédite de jeunes intellectuels, auteurs et penseurs, leaders d'opinion à l'image de Chloé Ridel, Camille Teste, Raphaël LLorca, l'artiste Seumboy Vrainom, Nesrine Slaoui, Racha Belmehdi, Eva Sadoun, Illana Weizman, Lauren Bastide, Chloé Morin, Geoffroy de Lagasnerie, Édouard Louis, Cy Lecerf Maulpoix, Pablo Pillaud-Vivien, Clément Viktorovitch, etc., et de nouveaux médias indépendants comme Blast, *Le Vent se lève,* de nouveaux laboratoires de réflexion comme l'Institut Rousseau.

La politisation des jeunes n'est pas que théorique. Elle est si totale qu'elle concerne de plus en plus la vie, le quotidien. Au niveau de la consommation, les jeunes (et plutôt des femmes) sont plus nombreux à opter pour le végétarisme[1]. Plus de neuf jeunes sur dix agissent au quotidien pour la protection de l'environnement (tri, réduction des déchets, recyclage)[2]. Dans le travail, ils sont aussi plus nombreux à questionner le sens de leur activité, et à déserter si elle n'en a pas, ce qu'on a qualifié de « grande démission ». Tous ceux que j'ai interrogés, en dépit des différences sociales et territoriales, ont construit leur engagement à partir d'un vécu, d'une expérience très personnelle. Agathe Hamel me confie que sa première pétition, c'était au collège (dans l'Allier) : « Je ne comprenais pas pourquoi on ne pouvait pas ouvrir une classe pour apprendre l'arabe », elle qui était fascinée par ses camarades qui maîtrisaient déjà deux ou trois langues en plus du français, « compétences qu'on ne valorisait absolument pas ».

Elle a aussi beaucoup protesté contre la séparation radicale des filles et des garçons en classe de sport, « ça m'a valu des bonnes réprimandes de la part des profs ». Au lycée, elle a voulu partir ailleurs, toute seule. « Je suis allée au Danemark, je devais y rester une année. Finalement, j'ai rapidement vécu la réalité

1. FranceAgriMer, « Végétariens et flexitariens en France en 2020 », 20 mai 2021.
2. Lucie Brice-Mansencal, Manon Coulange, Nelly Guisse, et al., , « Agir pour l'environnement : comportements et aspirations des 18-30 ans », *INJEP analyses et synthèses*, n° 43, 6 janvier 2021.

d'adultes défaillants, de parents qui battaient leurs enfants, j'ai moi-même été agressée. J'ai dénoncé, j'ai parlé. Mais la valeur de la parole d'une mineure contre une association, même de jeunesse, ça ne vaut rien. Tout ça a été assez structurant dans mon intransigeance par rapport à la parole des enfants et des jeunes. C'est devenu ensuite un combat politique, comme beaucoup de gens de ma génération. »

Les nouveaux lieux d'engagement : l'associatif, le terrain, l'espace public

Le désamour des machines politiques traditionnelles a permis de renverser les schémas de pouvoir : là où les militants ont déserté les rangs des partis, des syndicats, des organisations étudiantes, ils ont abondé ceux des associations, des collectifs citoyens. Comme le dit Ahouefa Fagbémi : « En matière de représentation institutionnelle, la jeunesse est vraiment absente. Et quand on est une femme, qu'on a une couleur de peau différente, une orientation sexuelle différente, un handicap…, on est vraiment très, très loin d'un idéal de représentation. » À l'inverse, elle trouve le milieu associatif « très dynamique, très vivant. C'est bourré de jeunes. Les porte-paroles ont des vécus d'étudiants, ils viennent des quartiers populaires, il y a beaucoup de femmes. Ce sont des gens dans lesquels je me retrouve, qui me ressemblent, qui me donnent envie de changer les choses ».

On comprend pourquoi la participation associative et l'engagement bénévole des jeunes générations croissent continuellement. En 2020, 38 % des jeunes entre 18 et 30 ans font partie d'une association, soit six points de plus qu'en 2017, et plus de la moitié aspirent à participer à une association de protection de l'environnement. L'engagement associatif des jeunes est aussi plus important en France que dans le reste de l'Europe (de quatre points). Et il est multiple : un tiers des jeunes déclarent appartenir à minimum deux associations[1]. 81 % des 18-24 ans ont au moins un engagement collectif versus 52 % de la population. Le degré d'engagement des jeunes est « plus fort que celui de leurs aînés dans presque toutes les catégories testées », indique le baromètre de l'engagement citoyen et solidaire. De très nombreuses associations et des collectifs sont créés directement à l'initiative des plus jeunes, notamment pendant la pandémie du Covid-19, à l'image de StopFisha, collectif fondé par une jeune étudiante et une jeune avocate en 2020 pour alerter et répondre à la violence en ligne. Pour lutter contre les violences envers les minorités, le collectif Collages Féminicides Paris, dont le concept est initié

1. Laurent Lardeux, Mathilde Renault-Tinacci, « La participation associative des jeunes », *INJEP*, n° 57, 12 juillet 2021.

par Marguerite Stern[1], alors âgée de 28 ans, est créé en 2019 et mis à l'honneur dans le film documentaire *Riposte féministe,* des jeunes réalisateurs Marie Perennès et Simon Depardon en 2022. L'association Adama a vu le jour en 2016 à l'initiative d'Assa Traoré, alors âgée de 30 ans. Singa, association française spécialisée dans l'intégration des personnes réfugiées et migrantes, est créée par Nathanaël Molle et Guillaume Capelle, qui ont alors à peine 25 ans. Youth for Climate, mouvement des jeunes pour le climat, naît en 2019 avec 130 groupes locaux sur le territoire. Dernière rénovation, qui se réclame d'être « la dernière génération capable d'empêcher un effondrement sociétal », perce en 2022 pour exhorter les pouvoirs publics à rénover le parc immobilier d'ici à 2040. Lauren Lolo et Brandy Boloko ont une vingtaine d'années quand ils fondent l'association Cité des chances pour promouvoir l'engagement citoyen des jeunes de banlieues.

Pour Lauren Lolo, c'est justement la défiance à l'égard des institutions qui a créé ces initiatives positives, ce sens de la « débrouille politique » chez les jeunes : « On l'a vu pendant la pandémie du Covid-19, il y avait beaucoup

1. Le collectif s'est depuis désolidarisé de l'action de Marguerite Stern, à la suite des débats sur le transactivisme.

de solidarité, beaucoup d'associations créées, beaucoup d'entraide. Ce sont des initiatives dont on parle très peu ou qu'on ne reconnaît pas dans les médias *mainstream*, alors que c'est une manière très concrète et très spontanée de faire de la politique. C'est ce qu'on essaie de faire quand on va dans les quartiers, dans les cités, dans les bâtiments…, de parler politique, sans forcément attendre des temps électoraux, car c'est justement ce qui entretient la méfiance. »

En effet, l'émanation politique dans les associations vient du sentiment d'être plus utile à la société que dans les sphères classiques, avec l'impression d'avoir plus de latitude que dans la rigidité d'un parti verrouillé, qui a déjà son programme, sa feuille de route, où chacun a sa place. Comme le dit Flora Ghebali : « Aujourd'hui, tu as beaucoup plus d'influence en dehors qu'en dedans [dans la politique], on te fait plus confiance, on apparaît comme plus neutre. J'ai presque l'impression d'être plus écoutée. »

Une mobilisation au-delà d'eux-mêmes

La mobilisation des jeunes générations est non seulement le miroir grossissant d'une société en recherche de nouveaux moyens d'action et de participation, mais encore, par son énergie, elle encourage et réveille celles et ceux qui se sont endormis. Comme me le dit Marylie Breuil, enthousiaste : « Cette mobilisation des jeunes participe du regain de mobilisation générale, et ça donne espoir pour que la politique change. » Kevin Bhema Vacher, sociologue, militant pour le logement digne et porte-parole du Collectif du 5 novembre, plussoie sur la thématique particulière du logement, très importante dans la lutte locale à Marseille. Il y est lui-même très actif puisqu'il s'y est présenté en tant que jeune candidat citoyen aux dernières législatives : « Sur le logement, ce ne sont pas des mouvements réservés aux jeunes, c'est intergénérationnel. Mais les jeunes apportent des pratiques de lutte différentes dans la propension à l'auto-organisation, la radicalité, les happenings, la multiplicité des formes de luttes, de stratégies. C'est très puissant, car ça mélange des mouvements, des groupes, des catégories sociales différentes. Ça remobilise. »

La force de l'engagement des jeunes, c'est de s'inscrire à contre-courant de la bataille des egos que les partis se livrent. En s'alliant dans la lutte, pragmatiquement, intellectuellement, médiatiquement, programmatiquement. Notamment dans les cortèges et les appels communs à la mobilisation. Il n'est désormais plus possible de se rendre à une manifestation sans observer un cortège parsemé de toutes les couleurs de ce qu'a toujours été la gauche, sans croiser un activiste écologiste et, à son bras, un militant antiraciste ou féministe. Partout, les jeunesses, prises dans des enjeux globaux et de long terme, construisent la coalition des justices, une coalition militante, syndicale, écologique, sociale et démocratique.

Les grands combats des jeunes

Si ce qui caractérise l'engagement des jeunes, c'est de penser les luttes comme intrinsèquement liées, des thématiques particulières font entrer les nouvelles générations dans la lutte politique. Climat, justice sociale et démocratie sont les trois grands pans des revendications du XXIe siècle.

« *Génération climat* »

La lutte contre le réchauffement climatique et pour le respect de la biodiversité, de l'environnement, des limites de la planète est la première source d'engagement des jeunes générations. Si les scientifiques alertent sur l'irréversibilité climatique à venir depuis des décennies, c'est l'imminence, puis la réalisation de cette prophétie scientifique, et l'inaction coupable des dirigeants pendant toutes ces années qui ont fait naître un sentiment d'injustice profond et durable de toute une génération. Cette génération qui va subir structurellement les conséquences de cette passivité sans pouvoir, ne serait-ce que plus tard, les annuler. L'irréversibilité climatique est devenue la première préoccupation des jeunes générations[1].

Il y a déjà plus de dix ans, en 2011, un sondage de l'ADEME indiquait que les jeunes entre 15 et 18 ans étaient plus concernés, réalistes et alertes sur les questions environnementales : huit sur dix estimaient déjà que le réchauffement climatique était dû aux actions de l'homme, contre moins de sept Français sur dix, 66 % pensaient déjà le dérèglement climatique comme ayant des conséquences sur les communautés humaines, contre 52 % de la population.

Mais l'engagement pour la question climatique a réellement pris un tournant en 2018 avec la grève des étudiants pour le climat, initiée par la militante suédoise Greta Thunberg et déclinée dans de nombreux pays, dont la France. La participation des jeunes aux actions menées par des associations environnementales a augmenté de neuf points entre 2017 et 2019, atteignant 12 %, soit deux fois plus que

1. Alina Koschmieder, Lucie Brice-Mansencal, Sandra Hoibian, « Environnement : le jeunes ont de fortes inquiétudes mais leurs comportements restent consuméristes », *CRÉDOC Consommation et modes de vie,* n° 308, décembre 2019.

l'ensemble de la population[1]. Le souci considérable des jeunes générations pour les questions environnementales est aussi psychologique. Un jeune sur deux souffre d'éco-anxiété, trois sur quatre estiment leur futur effrayant[2].

La mobilisation pour la défense de la planète a donc créé une « génération climat », qui s'est traduite par la construction du mouvement international baptisé Fridays for Future ou Youth for Climate en France. Celui-ci consiste à quitter son établissement scolaire le vendredi, ou le jeudi, pour manifester en faveur de l'action contre le réchauffement climatique, exiger le respect de l'Accord de Paris sur le climat, et faire adopter des revendications précises, comme la fin de l'extraction et des subventions pour la production des combustibles fossiles, l'investissement dans les énergies renouvelables, le droit de vote à 16 ans, le développement des transports en commun. En France, la naissance de ce mouvement coïncide avec la démission de Nicolas Hulot, alors ministre de la Transition écologique et solidaire. Il entraîne la Marche pour le climat lancée par Maxime Lelong, âgé de 27 ans.

1. Jörg Muller, Charlotte Millot, « Sensibilité à l'environnement, action publique et fiscalité environnementale : l'opinion des Français en 2023 », CRÉDOC, mai 2023.
2. Avaaz, « Briefing : l'éco-anxiété, c'est quoi ? », 2021.

S'ensuit en mars 2019 la Marche du siècle, organisée comme volet physique de la pétition l'Affaire du siècle, qui recueille 2,1 millions de signatures, et de l'assignation, par quatre ONG, de l'État en justice pour inaction face au réchauffement climatique.

L'engagement des jeunes en faveur du climat est donc très politique. Il est aussi très transversal et vient s'immiscer dans tous les sujets de société sur lesquels les jeunes se mobilisent. En mars 2023, les jeunes, à l'initiative des jeunes militants d'Alternatiba Paris, donnent un souffle particulier à la mobilisation en chantant : « Retraites, climat, même combat ; pas de retraités sur une planète brûlée. » Il est enfin très concret et issu d'une connaissance approfondie des sujets. Le cas de Dernière rénovation est en cela très éloquent : collectif de résistance civile français créé en 2022, il a pour exclusive revendication la rénovation thermique des bâtiments d'ici à 2040. Ce portage unique et répété à travers des actions « chocs » dans l'espace public porte ses fruits : selon Sasha Cantet, la mention des termes « rénovation thermique » dans les médias a plus que triplé en l'espace de quelques mois après le début des actions du collectif (19 000 mentions entre avril 2021 et janvier 2022, contre 64 000 après la création du mouvement). Ce type de militantisme, caractérisé par la multiplication d'actions ciblées, efficaces, lisibles, directes et très identifiées, graphiques (usage de peinture orange, affichage du nombre de jours restants sur les t-shirts blancs avant le point de non-retour, soit le dépassement du seuil de réchauffement climatique à +1,5 degré), séduit les jeunes, et en particulier les primo-militants. En un an, le collectif Dernière rénovation est passé d'une vingtaine à plus de 300 participants à ses actions. La sociologie des militants du collectif est aussi parlante : beaucoup sont étudiants, ou diplômés, notamment ingénieurs ou consultants sur les thématiques de l'énergie et du climat. Ainsi, Loïc, 32 ans, ancien consultant en fusion-acquisition en Chine, a tout arrêté pour soutenir Dernière rénovation à travers des actions coups-de-poing, comme lors du match PSG-OM qu'il a tenté d'arrêter. Sur le plateau de *Mediapart* le 16 mars 2022, il dit : « Je n'ai rien à faire ici, moi. Statistiquement, je ne devrais pas être là. Mais j'ai compris qu'on allait vers un effondrement sociétal. »

Génération égalité

De manière générale, les jeunes montrent une propension plus forte que leurs aînés à un interventionnisme des pouvoirs publics et des logiques plus altruistes de solidarité sociale. Ils sont notamment plus favorables à une redistribution par l'impôt et l'égalisation des revenus et des conditions par l'État, et considèrent ces deux pans comme essentiels au bien démocratique[1].

Sur les droits LGBTQIAP+ et le féminisme, les générations Y et Z ont considérablement renouvelé les idées, les termes du débat et les méthodes d'engagement. Elles ont aussi imposé des nouveaux sujets, comme la protection de l'enfance, jusqu'ici quasiment absente du débat. La plus grande nouveauté réside aussi dans la pensée des dominations, des discriminations et des inégalités sociales comme systémiques et venant de la même source : race, classe, genre, âge sont organisés de la même manière sous le joug de l'homme blanc cis-hétérosexuel, termes aujourd'hui largement utilisés et démocratisés. Ils déplacent la conception universaliste des revendications sociales, qui jusqu'ici masquait, derrière le mythe rousseauiste du citoyen unique et abstrait, une domination unique et totale à laquelle répond une victimation collective et plurielle.

Antiracisme

S'il puise ses sources dans les mouvements antiracistes américain et français des années 1960, le mouvement antiraciste connaît

1. Laurent Lardeux, Vincent Tiberj (dir.), *Générations désenchantées ? Jeunes et démocratie*, Paris, La Documentation française, n° 7, 2021.

une nouvelle vague caractérisée par un engagement particulièrement jeune et féminin depuis quelques années. Le combat antiraciste est en effet revenu au premier plan médiatique depuis la mort du jeune Adama Traoré le 19 juillet 2016, à la gendarmerie de Persan. Il se caractérise par une mobilisation constante sur le terrain, un relais très actif sur les réseaux sociaux, le leadership charismatique d'Assa Traoré, et de nombreux soutiens médiatiques. Le comité Adama est devenu « la » cause fédératrice de sensibilisation, de lutte contre la violence institutionnelle, et policière. « Le » lieu de dénonciation d'un monde dans lequel le privilège et l'injustice liés à la race sont encore tout à fait structurants.

Les protestations consécutives à la mort de George Floyd, un Afro-Américain de 46 ans asphyxié par un policier blanc le 25 mai 2020 à Minneapolis (Minnesota), revendiquent une dimension institutionnalisée du racisme américain à travers le mouvement Black Lives Matter. Nous n'avons pas importé ce combat, contrairement à ce qu'affirment bon nombre de commentateurs médiatiques cherchant à le discréditer et qui visiblement ignorent la longue histoire du racisme en France, pour pouvoir penser qu'elle a besoin d'être inspirée d'ailleurs. Mais il faut dire que ces protestations outre-Atlantique créent un écho ici, au sein d'une jeunesse qui se reconnaît dans la vision et la forme de mobilisation. C'est dans ce contexte, et à la suite de l'expertise médicale du 29 mai 2020 qui écarte la responsabilité des gendarmes dans la mort d'Adama, que 20000 personnes se rassemblent devant le tribunal judiciaire de Paris, dans le 17e arrondissement, le 2 juin, puis de nouveau sur la place de la République, à Paris, et à travers la France.

Ce renouveau se fait par la mobilisation sur le terrain. Par la création de grands mouvements des quartiers populaires, par des marches qui rassemblent, qui impliquent des populations très jeunes et diversifiées. Des populations qui ne viennent pas des syndicats ou des partis politiques, et chez lesquelles l'usage des outils numériques « a changé l'approche et la manière de se mobiliser », selon Youcef Brakni. Comme je l'ai déjà dit, le caractère massif de ces nouvelles mobilisations, particulièrement occupées par des jeunes, voire des très jeunes, et ces nouvelles conceptions du racisme sont très intégrées chez les jeunes générations – près de la moitié des 18-24 ans considère que la France est et demeurera une société raciste du fait de son passé colonial, contre seulement un tiers des précédentes générations.

L'adhésion plus forte des jeunes générations au caractère structurel du racisme s'observe notamment dans la propension des jeunes Blancs à épouser la cause, à se déconstruire et à conscientiser le privilège d'être Blanc, à le dénoncer, tout en restant un allié et sans récupérer la cause, à l'image de Samuel Grzybowski qui tweete : « Dire qu'il existe un privilège blanc ne consiste pas à essentialiser les Blancs. Être blanc n'est qu'un hasard génétique. Mais de ce hasard, l'organisation sociale tire un avantage que l'on peut observer, et ça, c'est le privilège injustifié. »

Significativement, l'association #NousToutes s'est également positionnée pour dénoncer l'appropriation des féministes blanches des idées des féministes racisées de banlieue : « Il est important de reconnaître que notre position de privilégiées en tant que féministes blanches nous permet de bénéficier d'une grande visibilité et d'une force de frappe importante dans les luttes féministes [...]. Cette visibilité surplombante renforce le système de domination envers les militantes racisées, qui les invisibilise des luttes féministes[1]. »

Au-delà de la question raciale, c'est même cette capacité de mise en doute, de déconstruction, ce questionnement sur soi-même qui définit ce que c'est d'être jeune et de faire de la politique autrement. Selon Modibo Massaké : « Alors que je suis outillé intellectuellement, et

1. Post sur Instagram le 19 avril 2023.

même si je suis Noir, moi, j'ai aussi reproduit des systèmes de domination, notamment en tant qu'homme. »

Féminisme, genre, droits LGBTQIAP+

Tout comme l'antiracisme, le féminisme marque une nouvelle vague à travers les générations Y et Z. Ce qu'on a appelé d'ailleurs la « génération post #MeToo » a marqué le passage d'un féminisme de grands combats pour les droits fondamentaux des femmes à un féminisme du quotidien. Le militantisme féministe mobilise de plus en plus tôt. L'enquête de *Libération*[1] dédiée aux jeunes générations d'engagées relève que le monde associatif, notamment l'association Osez le féminisme !, a vécu ces dernières années un « boom de militantes intéressées » et l'arrivée nouvelle « d'ados de 16-17 ans ». Un regain de mobilisation menant à « une recomposition du mouvement féministe », constate Suzy Rojtman, membre du Collectif national pour les droits des femmes, avec la création de nouveaux collectifs très connectés comme #NousToutes en 2018. Sur ses 1 200 militantes actives, 44,5 % ont entre 18 et 24 ans[2]. Un phénomène fidèlement décrypté par l'enquête de Florence Pagneux

1. Marlène Thomas, « J'ai grandi avec #MeToo » : chez les jeunes femmes, la conscience infuse », *Libération*, 11 octobre 2022.
2. *Ibid.*

qui donne la voix aux nombreuses jeunes féministes dans son ouvrage *Ce que nos filles ont à nous dire*[1].

Cette spécificité se retrouve dans les convictions, les discours et les messages militants renouvelés. Les nouvelles féministes tiennent à la portée pédagogique et cathartique de leur engagement, à l'accompagnement moral et psychologique, au sens du collectif, à lutter contre la dimension systémique des violences sexistes et sexuelles, à dénoncer le dysfonctionnement du système judiciaire, à rompre avec la « double peine » des victimes et à dénoncer les auteurs. « Tu n'es pas seule », « On te croit », « Le coupable, ce n'est pas toi », etc. : les nouveaux mouvements féministes encouragent les victimes à sortir du silence, de l'isolement, du sentiment d'illégitimité ou de culpabilité souvent partagés.

Cette mobilisation contre la domination patriarcale organise aussi un clivage générationnel d'abord autour de l'intersectionnalité, qui veut intégrer les vécus simultanés de domination des femmes, personnes LGBTQIAP+, racisées, pauvres, non valides, et ensuite du concept de genre et ses sous-jacents, notamment la transidentité (dont j'ai déjà parlé).

1. Florence Pagneux, *Ce que nos filles ont à nous dire*, Rezé, La Mer Salée, 2022.

Prisme obscur pour beaucoup, et notamment pour les précédentes générations de féministes, l'identité de genre est une façon extrêmement libératrice de considérer l'humain et les rapports entre les êtres. Elle est par ailleurs l'aboutissement cohérent des écrits et des combats féministes depuis un siècle qui veulent se départir du biologique comme seule source d'identité. Cette dimension répond à la volonté éminemment politique de s'autodéfinir, et de se faire radicalement intolérant face à des propos ou des comportements qui ne postuleraient pas une très stricte égalité entre les genres. Cette dimension systémique de la lutte féministe permet aussi d'intégrer les jeunes hommes à la réflexion, comme l'explique Florence Pagneux : « En se montrant plus exigeantes, en ne laissant plus passer des attitudes inappropriées ou des blagues sexistes, les jeunes filles aiguillent les garçons de leur âge vers une redéfinition des codes traditionnels de la masculinité, associés au machisme ou à la virilité[1]. »

Elle permet enfin aux jeunes de se coordonner afin de réinvestir l'espace public : marche lesbienne à Paris en avril 2021, événement historique qui a réuni des centaines de milliers de personnes, manifestations en Corse à l'été 2020 à la suite du mouvement

1. *Ibid.*

Twitter #IwasCorsica, collages féministes, manifestations #NousToutes pour la journée internationale contre les violences faites aux femmes rassemblant plus de 150 000 personnes, manifestation du 8 mars, pride en banlieues…

Cet esprit de communauté, né dans l'espace numérique et prolongé dans l'espace public en dépit de la pandémie, donne corps au concept de *sororité*, lui-même réactivé avec force ces dernières années. Ces mobilisations successives, comme cela a été étudié par Jessica Ringrose à travers les réponses des adolescentes au hashtag #BeenRapedNeverReported, ont aussi une vocation pédagogique collective : elles permettent au plus grand nombre d'appréhender plus finement des notions comme celles de consentement, d'emprise, de sidération, de masculinité toxique ou hégémonique… Comme l'explique encore Florence Pagneux : « Ce qui est frappant chez cette génération post #MeToo, c'est qu'au-delà de leur propre parcours et de leur affirmation, les jeunes concernés souhaitent sensibiliser l'ensemble de la société. Les associations accueillent aujourd'hui des jeunes beaucoup plus militants. Quand il y a dix ou vingt ans, ils venaient pour bénéficier d'un soutien, mieux se connaître et rompre leur isolement, ils et elles veulent aujourd'hui défendre une plus grande visibilité dans la société au-delà de leur histoire personnelle, bousculer des normes très établies[1]. »

L'investissement de l'espace public s'observe également à travers l'essaimage d'initiatives culturelles et événementielles autour de ces questions, qui offrent autant d'espaces de documentation, de mobilisation et de réflexion : le ciné-club féministe Tonnerre, lancé par la jeune activiste Elvire Duvelle-Charles, les festivals de cinéma féministe des Lilas, du film lesbien et féministe de Paris, Chéries-Chéris, des Fiertés, Comme nous brûlons…, autant d'actions qui deviennent elles-mêmes des sujets de documentation grand public, comme en témoigne la sortie du documentaire *Riposte féministe* sur les collages.

#StopFisha

Association féministe contre le cybersexisme et les cyberviolences sexistes et sexuelles, #StopFisha est née de la conscience aiguë de Shanley Clemot McLaren qu'il était nécessaire, face à l'explosion du cyberharcèlement pendant le confinement et, plus particulièrement, de la diffusion de contenus intimes sans consentement (plus communément appelés « *revenge porn* »), de faire entendre la voix des jeunes générations absentes

1. *Ibid.*

jusqu'ici du mouvement #MeToo. Elle organise alors un blocus au sein de son lycée : « Je voyais qu'on dénonçait les sujets de violence dans des contextes bourgeois, élevés, sans jamais les traiter chez les jeunes, alors que le pic, c'est vers 14-15 ans. Donc, c'était super important d'impliquer les jeunes, il fallait considérer les jeunes, montrer que ça ne se passait pas qu'à Hollywood. J'ai d'abord organisé un blocus qui a permis de mettre en lumière le sexisme chez les jeunes. Puis en avril 2020, avec le confinement et l'explosion des cyberviolences, je me suis rendu compte là encore de la passivité énorme sur le cyberharcèlement et la pédocriminalité en ligne. Alors, j'ai lancé l'alerte en créant le collectif #StopFisha qui est devenu une association. On a un pied dans la rue, dans les manifs, et dans les institutions pour alerter sur le cybersexisme, qui est une menace émergente qui pose un réel sujet sur nos droits et nos démocraties. » Shanley Clemot McLaren a participé à la compilation de combats contre le cybersexisme dans un livre publié en 2021, *Combattre le cybersexisme*[1], qui pointe le caractère systémique des biais algorithmiques, l'importance de la modération, la viralité de l'exploitation des contenus intimes de filles et de femmes sans leur consentement. En dépit de cet énorme travail théorique et pratique de

1. Association Stop Fisha, *Combattre le cybersexisme*, Paris, Leduc, 2021.

sensibilisation, elle me confie : « On nous rabaisse, on n'est toujours pas prises au sérieux, on est infantilisées, on nous vole notre travail. »

Démocratie et participation citoyenne

« Le gouvernement n'organise pas de discussion avec le peuple. Sur les retraites, c'est de la concertation d'enfumage. On fait croire qu'on discute, alors qu'on a déjà décidé, ou alors on ment : sur la Convention citoyenne pour le climat, par exemple[1]. C'était un travail incroyable, une vraie méthode de concertation. Parlez avec n'importe quel citoyen de ce qu'il s'est passé, tout le monde est d'accord là-dessus. Par contre, quand on dit qu'on va tout reprendre sans filtre après des mois de travail et qu'on ment, ça détruit tout derrière, ça ne fait que participer à l'impression que les dirigeants politiques ne font que ce qu'ils veulent et en fonction de ce qui les arrange. » À travers ces mots, Agathe Hamel rappelle à quel point les jeunes générations ont adopté une conception exigeante de la démocratie.

1. Sur les 150 propositions formulées par les citoyens, seules 18 d'entre elles ont été intégralement reprises, la plupart ayant été amoindries, repoussées ou ayant fait l'objet d'exceptions.

De Nuit debout à la « génération 49.3 », les mouvements se multiplient depuis une dizaine d'années, à l'initiative des jeunesses, pour revendiquer un droit plus direct à la participation aux décisions collectives et qui explique, à défaut de l'obtenir, les taux d'abstention record. Là encore, le paradoxe de l'impuissance politique face au réchauffement climatique dont elle seule subira les conséquences fait de notre jeunesse une génération particulièrement attachée à une citoyenneté réflexive, critique, protestataire. Se déplacer pour aller voter tous les cinq ans pour des gouvernements qu'ils trouvent incapables de répondre à des défis globaux est une formule qui ne leur convient plus, et qui, de manière générale, ne fonctionne plus.

Dans le *Libération* du 29 mars 2023 qui consacre sa une à cette « génération 49.3 », les témoignages abondent sur le sentiment d'injustice démocratique, la colère contre la verticalité et l'autorité du pouvoir, la lassitude face à un système démocratique particulièrement centré sur le pouvoir présidentiel aux atours monarchiques, et qui crie l'absence de consultation réelle des citoyens. Dans l'émission *C ce soir* du 28 mars 2023, la jeune militante Alternatiba Paris Mathilde Caillard affirme qu'« on ne peut pas demander aux individus d'être citoyens par éclipses ». L'aspiration des jeunes générations, et des citoyens en général, à rompre avec une « citoyenneté de déférence », pour reprendre l'expression du sociologue Vincent Tiberj, est totale. Elles veulent plus d'horizontalité, d'inclusivité, de participation. Comme le démontre le chercheur Tom Chevalier[1], plus l'action publique se base sur des critères de citoyenneté socio-économique inclusive, plus les jeunes ont confiance dans leurs institutions. Inversement, plus les jeunes se trouvent confrontés à une « citoyenneté refusée », restrictive, plus leur méfiance est forte.

La déception de la promesse de la démocratie représentative chez les jeunes est chiffrée : seulement 51 % manifestent un fort attachement à l'idée d'un gouvernement démocratique, soit 20 points de moins que les baby-boomers[2]. Face à cette donnée, on a trop souvent conclu à un intérêt supposé des jeunes pour des régimes non démocratiques, autoritaires, en plongeant tête baissée dans des récits alarmistes sur l'érosion démocratique de toute une génération. Dans les enquêtes approfondies, on conclut au contraire à des aspirations nouvelles pour une démocratie plus directe et mieux tournée vers des valeurs d'égalité et de justice globale :

1. Tom Chevalier, *La jeunesse dans tous ses États*, Paris, PUF, 2018.
2. Harris Interactive et *L'Étudiant*, « Les jeunes et l'élection présidentielle de 2022 », janvier 2022.

« La défiance observée n'a pas grand-chose à voir avec un sentiment de dépossession politique : ils et elles sont plutôt prêts à expérimenter de nouveaux régimes de citoyenneté hors des institutions politiques traditionnelles[1]. » Ils redéfinissent la manière d'être citoyen, se positionnant comme des citoyens participants et déterminés (« *assertive citizens* »)[2] et non plus soumis (« *allegiant citizens* »).

C'est ainsi que les jeunes multiplient des initiatives de participation directe à la vie citoyenne loin de la scène politique. Ils proposent des façons d'améliorer la participation électorale, qu'ils imaginent des nouvelles formes de vie démocratique. L'ONG Démocratie ouverte, créée pour œuvrer en faveur de la transformation démocratique des institutions publiques et coprésidée par la jeune Mathilde Imer, est à l'origine de la Convention citoyenne pour le climat. L'association Mieux voter, cofondée par Chloé Ridel à l'âge de 25 ans, veut ainsi « rendre les élections aux électeurs » en instaurant la méthode du jugement majoritaire, plus démocratique et plus expressive qui place l'électeur en situation d'évaluation des

1. Laurent Lardeux, Vincent Tiberj (dir.), *Générations désenchantées ?*, 2021, *op. cit.*
2. Russell J. Dalton, Christian Welzel, *The civic culture transformed. From allegiant to assertive citizens*, Cambridge, Cambridge University Press, 2014.

candidats à partir d'une échelle de valeur (parfait, très bien, bien, moyen…). Le candidat qui remporte l'élection est celui qui a été le mieux évalué. Cette méthode a par exemple été appliquée dans le cadre de la primaire populaire en 2022.

La Primaire populaire

La Primaire populaire est une initiative cofondée par Samuel Grzybowski et Mathilde Imer, lancée par le collectif Rencontre des justices, qui regroupe des entrepreneurs sociaux, des militants écologistes, féministes et antiracistes, en 2022. C'est une association destinée à œuvrer pour la désignation démocratique d'un candidat commun à gauche en 2022, à travers la constitution d'un socle programmatique commun, des parrainages citoyens et un vote au jugement majoritaire.

De nouvelles méthodes d'engagement

La politisation des jeunes générations ne passe plus par les canaux traditionnels d'expression politique. Ceux-ci sont délaissés au profit d'autres moyens jugés plus efficaces, plus innovants. Pétitions, occupation de la rue, manifestations, boycotts, grève, cagnottes en ligne, partage de contenus sur les réseaux sociaux, actions symboliques, campagnes de sensibilisation… constituent autant de pans de l'« action-cratie » pratiquée par les jeunes. Éducation populaire, autodidactie, prise directe avec les causes, horizontalité et inclusivité des luttes sont promues par les jeunes militants.

Une toute nouvelle socialisation politique

À rebours de la déconnexion des élites politiques, la socialisation politique des jeunes générations passe par la conscience aiguë de former les premiers concernés. Ou qu'ils s'autoforment. L'idée étant qu'en retour la solution vienne toujours d'eux. Contre la récupération des combats, contre le filtre, le polissage, qu'opèrent les professionnels de la politique, les jeunes générations ont une plus forte sensibilité à la légitimité et à l'authenticité de chacun à décider pour lui-même et ses pairs en fonction de leur vécu.

L'organisation de communautés d'intérêt

Le *community organizing*, popularisé par le ponte de la gauche radicale américaine, Saul Alinsky, est une idée de plus en plus revendiquée par les jeunes générations. Forme ascendante d'*empowerment*, elle suppose de construire une auto-organisation de citoyens habitant les uns à côté des autres dans l'objectif d'avoir plus de pouvoir et de mieux faire valoir leurs intérêts communs face aux institutions publiques et autres responsables dont les prises de décisions affectent leurs vies. Cette forme d'organisation est éminemment politique, car elle crée du lien social direct et développe les capacités individuelles et collectives. Au sein des organisations citoyennes construites, l'éducation politique est en effet primordiale : elle se fait par l'expérience des actions menées ensemble, par l'organisation de retours de ces expériences et débriefs, par la conscientisation des intérêts à l'œuvre et des contextes d'injustice.

Cette autoformation conduit même au *self-organizing* et à la capacité à se former aux nouveaux outils d'émancipation politique. C'est ce que la chercheuse britannique Sarah Pickard a appelé le « *do-it-yourself politics* ». Ce que de jeunes militants théorisent à travers des guides pratiques pour perpétuer cette communauté pédagogique et cet empouvoirement dans tous les territoires. Ceci à l'image du guide pratique *Le pouvoir aux jeunes*[1] conçu par la très jeune militante écologiste Jamie Margolin. Préfacée par Greta Thunberg, elle se livre à des conseils sur la rédaction d'articles, l'organisation d'événements, de campagnes, et

1. Jamie Margolin, *Le pouvoir aux jeunes*, Paris, Massot, 2020.

d'occupations de l'espace public, l'équilibre des temps entre études et militantisme, l'utilisation des médias et des réseaux sociaux…

L'éducation populaire

Courant de pensée vieux de plusieurs siècles, l'éducation populaire est remise au goût du jour dans l'engagement des jeunes générations. Elle cherche à promouvoir, à côté des structures traditionnelles et institutionnelles d'éducation, une éducation qui vise à l'amélioration du système social. Comme l'explique Agathe Hamel, par rapport à son expérience chez Coexister, mouvement interconvictionnel permettant à des jeunes de 15 à 35 ans de créer du lien social et de promouvoir un mieux vivre ensemble : « À travers l'éducation populaire, on en apprend beaucoup sur notre capacité d'agir, et sur comment, avant de connaître ces outils, il nous était empêché d'agir. Je suis rentrée dans la magie de ce que ça peut transformer chez soi et chez les autres, et comment cette manière de pratiquer le collectif doit être utilisée dans l'éducation formelle et aussi, pourquoi pas, dans les espaces politiques. » Ces espaces n'ont pourtant pas l'air prêts : « J'intervenais beaucoup en milieu scolaire pour parler de la laïcité, des différentes religions. N'étant pas croyante, je suis d'autant plus à l'aise avec le fait qu'il faut avoir une éducation aux faits religieux dans ce pays. Et j'ai vu la vision étatiste se radicaliser complètement, j'ai vu la répression de l'expression spirituelle et religieuse dans le pays, l'interdiction des identités multiples, le droit d'en parler pour apprendre sur soi et les autres. L'État nous a mis des bâtons dans les roues en permanence. Franchement, des jeunes de différentes convictions qui viennent dire qu'il faut être tolérants et montrer que c'est possible de vivre ensemble, c'est si dangereux que ça pour notre République ? »

Dans la lignée du *community organizing*, il s'agit là encore d'aller au plus près des concernés et d'organiser l'empouvoirement de chacun. Dans l'antiracisme par exemple, ce processus d'éducation participe d'un militantisme au plus près des populations racisées et marginalisées des quartiers populaires. Elle se fait dans les halls, « en bas des immeubles ».

Cité des chances

L'association Cité des chances s'est donné pour mission de démocratiser l'engagement citoyen et d'œuvrer pour une meilleure compréhension des institutions chez les jeunes : « Les quartiers populaires enregistrent un taux élevé d'abstention dû à une défiance et à un désintérêt pour la politique alimenté par une méconnaissance du fonctionnement du système politique. »

Ahouefa Fagbémi est étudiante engagée à la Cité des chances. Dans notre échange, elle me confie, d'ailleurs, qu'à défaut d'avoir la nationalité française, son engagement lui permet d'avoir une expérience citoyenne autre que le vote. Elle travaille à faire venir les « jeunes de banlieue » à l'institution, à défaut d'aller vers eux: « Nous, notre idée, c'est de promouvoir l'engagement citoyen au niveau des quartiers populaires, de leur faire comprendre que ça les concerne aussi, qu'on a *toujours* un avis politique. On organise un parcours citoyen, des ateliers d'éloquence, ou le dispositif "La cité a voté" (qui recueille les revendications des jeunes à l'approche des élections "à travers des débats dans un café, un grec ou à la pizzeria"). On les emmène à l'Assemblée nationale pour suivre les débats et leur dire: "Ici, c'est chez vous aussi." Et, pourquoi pas, peut-être qu'on suscite des vocations. »

Les premiers concernés

Les nouvelles générations ont plus à cœur de faire reposer la légitimité politique d'incarnation, de représentation, sur celles et ceux qui sont concernés par telle ou telle cause, dont ils vivent le quotidien. Comme l'explique la jeune députée écologiste Marie-Charlotte Garin: « On ne fait pas de politique pour les gens sans les premiers concernés. Le mouvement antivalidiste et son slogan "rien pour nous sans nous" est très clair. C'est là qu'on a un enjeu de diversifier nos représentants et notre personnel politique pour les jeunes, et pour toutes les catégories. »

La question migratoire est aussi un bon exemple. Modibo Massaké, jeune militant malien opposé à la hausse des frais de scolarité pour les étrangers, s'insurge dans notre entretien sur la capacité répétitive de la classe politique de capturer les récits des immigrés : « C'est l'ensemble de la classe politique qui utilise nos récits et nos vies, de manière différente, pour gagner des voix. » Il regrette que les migrants soient les grands absents du débat sur l'immigration, dans les médias et dans les espaces de pouvoir que leurs voix ne sont pas audibles, qu'ils soient « en marge de la nation. La bataille sur l'immigration, c'est d'abord une bataille entre les gens faisant partie d'une même nation, qui se battent entre eux sur des visions du monde : l'approche identitaire pour l'extrême droite, l'approche utilitaire économique pour la droite, qui prône une immigration choisie, l'approche humanitaire pour la gauche. Tantôt, nous, les étrangers, sommes une opportunité pour la France, tantôt nous sommes une menace. Nous ne faisons pas partie de la "solution", car nous sommes considérés comme "le problème" ».

L'action directe

Dans la lignée de cette légitimité reposant sur les premiers concernés, l'action directe non violente et la désobéissance civile sont de plus en plus privilégiées par les jeunes générations. Dans le contexte d'un sentiment d'inefficacité bureaucratique et de la crise de la représentation, il s'agit de chercher à peser *directement* sur un rapport de force pour changer la situation, sans délégation de pouvoir, sans intermédiaire. Plaçant la conscience morale et l'urgence d'agir au-dessus de la loi, l'action directe est particulièrement utilisée pour exhorter les pouvoirs publics à agir sur le réchauffement climatique. Elle est même légitimée, de ce fait, par la communauté de scientifiques, ainsi en témoigne l'appel dans *Le Monde* de 1 000 scientifiques titré « Face à la crise écologique, la rébellion est nécessaire », le 20 février 2020.

Comme me l'explique Gabriel Mazzolini d'Alternatiba : « Déçu par mon expérience partisane, j'ai découvert une méthode, une stratégie qui bien utilisée pouvait changer la vie, renverser l'ordre établi, la hiérarchie des normes, faire en sorte que les plus riches payent, vraiment changer les choses en dehors du rythme électoral. Et j'ai vu que ça marchait vraiment lors de ma première action : le jour où, au sein des Amis de la Terre, on a occupé le siège de la Société générale pour que l'entreprise cesse d'investir dans une mine de charbon en Australie. On s'est fait jeter au bout de trente minutes, on a clairement vécu une humiliation, mais on a gagné trois semaines après, car toutes nos actions étaient ancrées dans une campagne cohérente sur le long terme. »

Inclusivité et horizontalité

Les nouvelles méthodes d'engagement cherchent à privilégier la coalition des causes et l'horizontalité, à rebours des fonctionnements sectaires et pyramidaux des structures traditionnelles du pouvoir politique. Les jeunes ont tendance à être solidaires dans des enjeux globaux et via le dénominateur commun de survie de la planète, qui ne fait l'objet d'aucun clivage. Même quand ils sont dans les partis, les jeunes font pression pour l'alliance des forces politiques : à l'approche des Européennes de 2024, c'est ce que font les jeunes de la Nouvelle Union populaire écologique et sociale pour une liste commune[1]. La Nupes a en effet été un catalyseur important pour les jeunes : le PS a par exemple doublé ses jeunes effectifs en un an après les législatives. Mais toujours avec d'autres façons de s'investir : « Les polémiques

1. « Européennes : au sein de la Nupes, les jeunes mettent la pression pour une liste commune », *JDD*, 2023.

sur les réseaux sociaux et les débats stériles me passent complètement au-dessus. Je suis tourné vers l'action », raconte Leny, jeune insoumis de 17 ans, dans *L'Humanité*[1].

Horizontalité des gouvernances

Le militantisme des jeunes, dont on a vu qu'il s'orchestrait beaucoup dans le milieu associatif, s'oppose à la culture du chef autoritaire, écrasant et illégitime. Il veut partager les décisions, coconstruire, être le plus transparent possible. Dans notre échange, Stacy Algrain se questionne : « Avoir trente ans d'expérience, est-ce que ça a plus de valeur ? Nous, on pense plutôt en matière d'organisation horizontale des collectifs. Ce n'est pas parfait, mais c'est ce qu'on se permet de tenter dans les structures militantes, et qui n'arrive pas à se faire dans les partis, ou même au travail. »

Ce désir d'horizontalité politique vient d'une volonté de changer les codes, les pratiques du pouvoir : plus d'horizontalité, moins de hiérarchie, cela engage aussi forcément plus de bienveillance et d'inclusivité entre les personnes qui travaillent ensemble.

---

1. « Universités d'été des partis de gauche : les jeunes, ces fins politiques », *L'Humanité*, 27 août 2023.

Coalitions militantes

L'engagement politique des jeunes passe par l'ouverture à la pluralité des expériences sociales face aux systèmes de discriminations. Ils pensent assez naturellement grouper fin du monde et fin du mois. Par exemple, le comité Adama tisse très tôt des liens avec les Gilets jaunes. À moins de 30 ans, Mathilde Imer crée les Gilets citoyens pour rapprocher mouvements sociaux climat et Gilets jaunes. Féris Barkat, à 20 ans, fonde Banlieue Climat pour permettre aux jeunes des quartiers populaires et défavorisés de s'émanciper par l'écologie. Les très jeunes militantes féministes intègrent les rassemblements contre les violences policières. La jeune Anne Le Corre crée le Printemps écologique, écosyndicat qui défend d'une même main les sujets sociaux et écologiques, tout en créant la fresque contre le sexisme. Aucun des jeunes avec qui je me suis entretenue ne s'est limité à me parler de son « combat personnel » ou sa « cause ». Tous ont eu à cœur d'affirmer leur solidarité avec les mouvements alliés, de visibiliser les autres causes dans la cohérence et la force qu'elles entretiennent avec la leur, et dans la perspective d'une vraie rencontre des luttes, des justices. « D'un point de vue militant, on se concentre maintenant sur les coalitions. [...] On l'avait fait en juillet 2020 en marchant avec Alternatiba. Verdragon [première maison de l'écologie populaire créée en Seine-Saint-Denis] a été un laboratoire de ce type de coalitions. Cette année, on l'a fait pour la marche pour le futur : il y avait #NousToutes, les collectifs contre les violences policières, la fondation Abbé-Pierre[1] », répertorie Youcef Brakni.

Coexister

Fondé par Samuel Grzybowski en 2009, Coexister est un mouvement de jeunesse interconvictionnel qui permet à des jeunes de 15 à 35 ans de créer du lien social et de promouvoir un mieux-vivre ensemble, à travers des groupes répartis sur l'ensemble du territoire, des événements, des formations.

L'intersectionnalité des combats, notamment féministes, joue énormément dans les méthodes d'engagement des jeunes générations. Comme le résume Anissa Maille, de Young & Safe : « Les personnes qui sont en poste depuis longtemps ont toutes leur "créneau", elles travaillent en silo. Nous, on vit les mêmes discriminations, basées sur les mêmes

1. Youcef Brakni, « Antiracisme et engagement pour la transformation sociale », *Les Cahiers de la LCD*, n° 15, 2022.

choses. On a grandi avec une manière globale de penser les systèmes de domination. Et avec la possibilité d'agir sur plusieurs sujets et de militer avec différentes personnes. On est tous concernés par le même sujet. »

La fabrication d'une culture de l'engagement

Donner envie

Si je parle d'une *génération* d'engagement, c'est aussi parce que c'est selon moi devenu une véritable culture commune. Une culture du pacifisme, de l'inventivité, de la joie, de l'entrain. À travers le monde. Sous la dictature biélorusse de Loukachenko, les jeunes femmes forment des chaînes humaines, portent des couronnes de fleurs et multiplient les opérations escargot. Les trends de danse se multiplient sur TikTok depuis l'Iran en soutien aux cinq femmes arrêtées par le régime parce qu'elles ont dansé en crop tops et avec les cheveux non couverts. Aux États-Unis, les *pussyhats* (bonnets roses aux oreilles de chat) organisent des marches anti-fascistes contre l'élection de Donald Trump. Au Chili, les jeunes féministes qui militent par le chant et la danse. En France, Avant l'Orage, le duo d'apprentis artistes engagés invente des nouveaux récits pour donner envie de changer le monde, notamment à travers la vidéo *Réveillons-nous* réalisée dans les montagnes, mettant en scène, au cœur des sommets savoyards, la militante

Camille Étienne et la danseuse Léa Durand. Elle fait plus d'un demi-million de vues.

Une communauté numérique

64 % des 18-24 ans utilisent internet et les réseaux sociaux comme sources principales d'information, soit trois fois plus qu'il y a dix ans. Il est logique que le numérique soit aussi le principal vecteur d'engagement des jeunes.

L'engouement pour les rassemblements « justice pour Adama » est total. En 2020, les cortèges sont bourrés de jeunes militants de 20 ans, beaucoup sont des filles, beaucoup diffusent les images sur Snapchat, TikTok et Instagram. Le succès même de ce rassemblement vient de la diffusion de la vidéo d'appel sur les réseaux sociaux à peine quelques jours plus tôt, le jeudi 28 mai. Elle fait 2 millions de vues. « Les jeunes qui ont manifesté ce jour-là n'avaient pas les codes des mobilisations classiques, notamment syndicales ; mais ils avaient des messages de leur génération. J'avais l'impression de lire des tweets sur leurs pancartes[1] », témoigne Youcef Brakni. Comme l'explique Chloé Ridel, jeune porte-parole du Parti socialiste, dans notre échange : « Les jeunes sont différemment engagés aujourd'hui : ils se mobilisent sur les réseaux sociaux, interpellent par le tag, signent

1. *Ibid.*

des pétitions en ligne, participent à des actions de désobéissance civile[1]. Ce sont des formes d'engagement moins figées. » Il n'est pas étonnant qu'un élu comme Raphaël Glucksmann, qui multiplie les mobilisations massives sur les réseaux sociaux, les interpellations très visibles de grandes marques, soit très suivi et relayé par les jeunes.

Le numérique n'est pas seulement un moyen de participer au bien commun et aux causes collectives, il *construit* la conscience et la culture de l'engagement chez nous. Et pas seulement à travers les réseaux sociaux, mais à travers un foisonnement de contenus audiovisuel : sur le sujet de l'antiracisme, les séries comme *Dear White People*, *Insecure*, *Atlanta*, les podcasts comme « Kiffe ta race », animé par Rokhaya Diallo et Grace Ly, produit par Binge Audio, les influenceurs tels que Jérémybcn, Canoubis, Aimyt, ou les comptes Instagram @decolonisonsnous, @histoirescrepues, @decolonisonslefeminisme, @racisme.invisible… décryptent et déconstruisent le prisme et « l'héritage post-colonial de l'inconscient collectif ». Sur les enjeux climatiques, les films de Cyril Dion, les vidéos coups-de-poing *Graine de possible* de Camille Étienne ou

1. En 2020, près d'un jeune sur deux (47 %) a signé une pétition ou défendu une cause sur internet, un blog ou un réseau social.

d'Hugo Clément, les comptes de Bon Pote, Clément Sénéchal, Gabriel Malek, les live twitchs de Jean Massiet sont centraux dans les mobilisations. On a aussi vu Sulivan Gwed, Léna Situations, Rebeudeter, EnjoyPhoenix, Maghla, Polska et Tootatis… dénoncer l'utilisation du 49,3 contre un projet de réforme des retraires impopulaire, alors que les influenceurs sont habituellement connus pour ne pas prendre position.

Mais c'est surtout sur les enjeux féministes que le numérique a renouvelé une culture de l'engagement. De #MeToo à #DoublePeine, l'utilisation du numérique est même un élément fondateur dans les nouveaux récits féministes. Ces combats couvrent de très nombreux sujets, permettant au grand public de mieux s'informer : l'arrêt de la stigmatisation des règles avec le hashtag #cavasaigner, la liberté de s'habiller avec le mouvement #lundi14septembre contre le sexisme au lycée et le droit de s'habiller comme on le souhaite, la dénonciation des discours antiféministes dans les médias ou le débat public avec les comptes Instagram @faitsminisme, @lebingosexiste, @preparez_vous_pour_la_bagarre ou Twitter Une Femme, la lutte contre les publicités sexistes avec les pages Facebook, blogs, comptes Twitter et Tumbler jesuisunepubsexiste ou pépitesexiste, les sujets féministes émergents et les décryptages de fond à travers les podcasts, formats particulièrement libres et militants pour l'accès à l'information et bien sûr les dénonciations des violences, viols et cyberviolences avec les #MeToo, #Balancetonporc et toutes leurs déclinaisons (#IWasCorsica, #balancetonstage, #sciences-porcs, #MeTooMedias, #MeTooPolitique, #MeTooAnimation, #CyberMeToo, #MeToo-Lesbien, etc.).

Les fronts de revendications féministes foisonnent pour aborder tous les pans de la vie quotidienne des femmes : violences sexuelles et harcèlement de rue, port du voile, reconnaissance de l'endométriose, écoféminisme, gratuité des protections hygiéniques, révélation des violences obstétricales, injonctions sur la maternité ou le non-désir d'enfant, les assemblées exclusivement masculines (La Barbe), etc.

Toutes les tendances s'expriment, allant d'un féminisme qualifié de réformiste, pour ses appels à l'égalité femmes-hommes dans la vie professionnelle et sociale, à un féminisme plus sectoriel, fondé sur la demande de la reconnaissance des identités sexuelles comme le collectif afroféministe Mwasi. La diversité de ces plateformes permet de questionner, de comprendre et de redéfinir des revendications, concepts et sujets intimes et essentiels, peu abordés dans le débat public « classique », et demeurant souvent obscurs pour les générations précédentes. Des sujets allant de l'identité et la dysphorie de genre, à la transidentité, la non-binarité, la masturbation féminine, l'hétéronormativité, la redéfinition des codes traditionnels de la masculinité, les injonctions à la féminité… En embrassant souvent d'autres causes et en menant une bataille culturelle, sociétale, l'engagement des jeunes générations a également tendance à opter pour un féminisme intersectionnel, considérant que les discriminations envers les femmes s'ajoutent à d'autres oppressions : religion, handicap, origine sociale, orientation sexuelle, couleur de peau…

En bref, les réseaux sociaux et les nouveaux médias hybrides offrent un forum d'expression à des personnes qui n'étaient pas habituellement écoutées, ni interrogées par les grands médias classiques : « Les réseaux sociaux agissent comme levier des mobilisations et des revendications féministes fondé sur un *empowerment* permettant de donner la parole au point de vue des opprimé[e]s, habituellement sous-représenté[e]s dans les espaces médiatiques traditionnels. En passant par les réseaux sociaux, cette mobilisation féministe échappe (partiellement tout du moins) aux stratégies patriarcales de contrôle, permettant ainsi une autonomisation des individus qui composent le corps social et octroyant davantage de pouvoir aux femmes[1]. » La jeune génération est donc sensibilisée par de nouveaux formats, de nouvelles personnes, parfois de façon plus efficace puisqu'elle s'identifie bien mieux. Cette

1. HCE, « Égalité, stéréotypes, discriminations entre les femmes et les hommes », 28 février 2022.

« hypercroissance » récente des mobilisations féministes sur les réseaux sociaux a aussi donné lieu à une multiplication des médias spécialisés comme *Causette, La Déferlante, Madmoizelle, Gaze, Paul.e* ou *Cheek,* qui reprennent très fortement les codes et les usages numériques.

Internet comme nouvelle assise populaire

L'engagement politique par le numérique et les réseaux sociaux, l'émergence de communautés numériques fluides, et qui s'organisent aussi dans l'espace physique et public, sont en fait en train de remplacer les organisations politiques traditionnelles dans leur rôle d'assise et d'adhésion populaire. Pour Samuel Grzybowski : « Les jeunes ont une assise populaire plus forte aujourd'hui : leur comportement à beaucoup d'égards, et notamment les outils qu'ils utilisent, sont bien plus en phase avec la masse. Ce n'est pas forcément une assise mobilisable, mais c'est au moins une assise dormante qui peut être réveillée en fonction de telle ou telle campagne coup-de-poing, tel ou tel moment d'indignation collective. C'est une façon beaucoup plus moderne, liquide, plus pragmatique d'engager les gens par rapport à un objectif à atteindre. »

*

Les jeunes réinventent la politique là où elle a été oubliée depuis longtemps. Ils redéfinissent une vision du monde en commun, se mobilisent sur les grands enjeux du siècle, inventent des nouvelles manières de faire, à bien des égards plus vertueuses, plus transparentes et plus solidaires, au service de cet avenir commun. Dans la pensée comme dans la pratique, ils organisent une cohérence politique au service d'idéaux perdus.

Seulement, le monopole légitime de la décision appartient encore aux structures classiques du pouvoir – partis, administration, représentation nationale. La plupart des jeunes militants l'ont bien compris. Aucun de ceux que j'ai interrogés ne refuse, ni cet état de fait, ni radicalement de ne pas en faire partie. Certains s'y sont essayés, certains ont même réussi. Mais ont-ils pour autant hacké le jeu politique ?

Quand les jeunes s'infiltrent… une exclusion institutionnalisée

> « On a hérité d'une pratique viriliste et d'un fonctionnement patriarcal du pouvoir, où les espaces de prise de décision, la répartition de la parole n'ont pas été pensés pour faire de la place à des avis nouveaux ou à des manières nouvelles d'exprimer son avis. Ça empêche tous ceux qui n'appartiennent pas à la majorité dominante de participer, déjà parce qu'ils sont discriminés, et aussi parce qu'ils n'ont pas la capacité ou l'envie d'adopter ces codes, qui ont été construits pour les exclure. »
>
> AGATHE HAMEL

Qu'est-ce qu'on arrive à porter quand on accède à la représentation politique et au pouvoir quand on est jeune ? A fortiori quand on est aussi femme, précaire, racisée ? Parvient-on à changer les codes de représentation politique, ou est-ce qu'on finit par les adopter ? La violence de l'expérience politique nous permet-elle de se maintenir dans le milieu sans perdre un peu de soi ?

Les jeunes qui accèdent au pouvoir

Depuis quelques années, certaines figures de la jeunesse accèdent aux plus hautes responsabilités politiques, avec pour ambition de bousculer les codes, changer les pratiques, pousser des combats neufs.

Aux États-Unis, des collectifs comme Brand New Congress et Justice Democrats, fondés sur les méthodes de *community organizing*, ont élaboré un nouveau modèle de recrutement et de formation pour hisser de nouveaux profils issus des catégories populaires au pouvoir. Alexandria Ocasio-Cortez, serveuse dans le Bronx, est ainsi devenue à 29 ans la plus jeune parlementaire jamais élue au Congrès. Avec Ilhan Omar du Minnesota, Ayanna Pressley du Massachusetts et Rashida Tlaib du Michigan, elles forment The Squad, qui représente la diversité démographique d'une jeune et nouvelle génération politique, au service d'un plaidoyer très progressiste, y compris au sein des Démocrates, pour pousser des thèmes forts dans le débat – Green New Deal, annulation de la dette étudiante, couverture maladie universelle, salaire minimum. Toutes les quatre sont des femmes de couleur de moins de 50 ans, soutenues par Justice Democrats.

Le succès de leur parcours est vite popularisé par *Knock Down the House*. Ce documentaire sur Netflix suit la campagne de jeunes femmes issues des minorités ethniques et économiques, formées aux nouvelles méthodes de politisation militante pour défier les puissants politiciens qui ont la mainmise sur le Congrès. Ces images ont inspiré des jeunes du monde entier, notamment en France. Les dernières élections législatives ont ainsi été l'occasion pour de nombreux jeunes de réinvestir les partis politiques, même en dépit de leurs dysfonctionnements. En août 2023, le journal *L'Humanité* consacre un article aux jeunes qui abondent les universités d'été des partis de gauche[1]. Les dernières élections ont aussi été l'occasion de découvrir de nouveaux visages, issus de milieux inédits en politique. De nombreux collectifs essaiment sur le territoire pour pousser ce type de candidatures à des mandats électifs et à la représentation nationale.

Les initiatives

Comme l'explique Youcef Brakni : « Nous, en faisant la tournée des quartiers, on a vu plein de jeunes qui faisaient ce que les mairies ne font pas. On veut trouver ces gens-là, les

1. « Universités d'été des partis de gauche : les jeunes, ces fins politiques », *L'Humanité*, 27 août 2023.

former, les financer, sur des fonds indépendants[1]. » Investies, Collège citoyen de France, Open politics, Tous élus, École de l'engagement, Gramsci académie, Point d'aencrage, Rencontre des justices, Académie des futurs leaders, Génération leaders, Different Leaders, Destins liés, le parti Allons Enfants…, de nombreux collectifs, vieux de quelques années, formés au *community organizing*, préparent la relève. Ils ont tous pour ambition de former de jeunes citoyens, notamment celles et ceux issus des quartiers populaires ou des minorités. Ils les initient aux outils du milieu politique dans l'objectif de l'intégrer. Mais face à l'hermétisme des sphères de pouvoir, les positions éligibles et les postes stratégiques sont encore loin de leur portée.

Académie des futurs leaders

L'Académie des futurs leaders est un programme de formation à destination de personnalités engagées sur des causes de justice environnementale et sociale pour transformer « leur implication sociale en influence politique » et changer de profils politiques dans la classe dirigeante. Le programme, rémunéré, se compose de

1. Youcef Brakni, « Antiracisme et engagement pour la transformation sociale », 2022, *op. cit.*

plus de 350 heures de cours ancrés dans une stratégie calendaire – par exemple, les élections européennes de 2024 – et programmatique – module « faire campagne et gagner ». Avec la participation de plus de 100 intervenants, experts, personnalités politiques et coachs, l'Académie des futurs leaders rompt aussi avec le principe d'autopromotion, puisqu'on ne peut qu'être inscrit au programme par d'autres personnes, sur le modèle de Justice Democrats.

*

Celles et ceux qui parviennent aux investitures et aux mandats sont encore exclusivement promus par des partis. Donc, non issus de ces nouvelles initiatives qui veulent faire de la politique autrement. 2017 a été un moment particulier, puisque de nombreux jeunes ont accédé aux mandats via notamment le nouveau parti LREM. 416 néodéputés ont fait leur rentrée sur les bancs de l'Assemblée nationale pour la toute première fois, soit quasiment deux fois plus que cinq ans auparavant. Ce taux de renouvellement s'est accompagné d'un sensible rajeunissement : 38 avaient alors moins de 31 ans, alors qu'ils n'étaient que 4 auparavant. Si la vague est plus faible en 2022, on a vu aussi apparaître des nouveaux visages dans les campagnes électorales, dans l'hémicycle ensuite : Tematai Le Gayic, 21 ans,

Louis Boyard, 22 ans, Marie-Charlotte Garin, 26 ans, Arthur Delaporte, 30 ans, figurent parmi les visages les plus connus de la nouvelle Assemblée, et composent parfois même des « prises de guerre » des partis, comme Alma Dufour, 31 ans, qui vient du militantisme écologiste, élue sous l'étiquette LFI. De même, si elles et ils n'ont pas remporté l'élection, Lumir Lapray, jeune militante écologiste originaire de l'Ain, ou Claire Morgane Lejeune, candidate dans l'Essonne, Sacha André, investi en Sud-Gironde, Albane Branlant… ont émergé et poussé des sujets dans le débat public, comme l'instauration d'un passe écologie, la légalisation du cannabis, la prise en charge à 100 % des dépenses liées à l'endométriose, une vision de l'écologie en phase avec les modes de vie des plus précaires, des zones rurales et périurbaines.

Profils et combats des jeunes élus

Mais globalement, c'est un renouveau en demi-teinte. Les récentes élections ont introduit des élus plus jeunes, mais aux parcours similaires à ceux de leurs aînés : ils ont en grande partie fait Sciences Po, une école de commerce ou du droit, sont urbains, blancs, issus des organisations de jeunesse politiques ou syndicales…, témoignant d'une reproduction sociale tenace au sein de la vie politique. Les profils, sauf exception, ne sont pas les mêmes dans le monde associatif, les ONG, le mouvement pour le climat. Ils sont bien plus diversifiés en matière de genre, de classe, et notamment de couleur de peau.

Comme l'affirme Marie-Charlotte Garin : « On est peu à l'Assemblée nationale, et j'observe qu'il y a une majorité de jeunes hommes, beaucoup moins de jeunes femmes. Quand il y a eu au début de la législature le portrait des six plus jeunes élus, c'était tous des hommes. De façon générale, il y a un biais sur quel type de jeunesse est représenté : elle est généralement éduquée, avec un parcours militant avant, elle n'est pas racisée et essentiellement composée de personnes valides. Et ça va être pareil avec les femmes : on va avoir d'abord les sous-catégories les plus dominantes [blanches, bourgeoises, éduquées] avant les autres sous-catégories. » La rareté des jeunes s'ajoute à leur uniformité, ce qui interroge Youcef Brakni sur l'utilité de ces profils : « Pour le monde du climat : quel est le bilan par exemple d'Alma Dufour, qu'est-ce que ça a apporté au collectif ? »

Leur arrivée en politique s'est tout de même accompagnée de changements notables : que ce soit Louis Boyard, qui siège en baskets, affirmant avoir « dealé pour payer ses études », et qui s'engage très fortement sur la précarité étudiante ; Arthur Delaporte sur les enjeux numériques et les thématiques féministes (rare pour un homme politique) ; Marie-Charlotte

Garin, l'écoféministe qui veut changer les pratiques de l'Assemblée ; les jeunes députés parviennent tout de même à impulser un tournant et à améliorer la décision publique, a fortiori dans un milieu où ils ne sont pas du tout les bienvenus. Arthur Delaporte, député socialiste du Calvados, le défend d'ailleurs dans notre entretien : « Il faut qu'il y ait plus de jeunes, qui apportent des thématiques jeunes, parce qu'ils ont tendance à défendre – en tout cas à gauche – des propositions plus progressistes, plus adaptées aux enjeux contemporains. »

La politique, un parcours semé d'embûches

Le milieu politique reste un monde très homogène : l'homme cis-hétéro blanc, bien né, plutôt âgé, est très majoritaire puisqu'il a été taillé pour le costume politique. Et vice versa. Il n'a, au vu des trop nombreux privilèges qu'offre encore la fonction, aucun intérêt à céder sa place aux jeunes, aux femmes, aux minorités. Machisme, violence, silence, rapports de domination, exclusion, soumission : voilà le parcours de celles et ceux qui tentent de participer.

Exclusion

Les jeunes en politique font régulièrement l'objet d'exclusions et d'intimidations stratégiques. Leur retranchement peut se faire de façon délibérée, comme c'est le cas lors des élections, où on distribue les places des plus jeunes en fonction des circonscriptions gagnables ou non gagnables, ou bas sur les listes, pour les faire participer à la campagne mais sans avoir la chance réelle d'être élu. Ça peut se faire de façon plus insidieuse, à travers l'usage de codes informels difficiles à saisir pour les entrants.

Répartition des postes

Ce qui avait frappé Lauren Lolo lors des élections régionales et législatives, « c'est que des jeunes avaient été mis en avant pour les campagnes, mais quand on regarde le nombre de jeunes en position éligible ou élus depuis, il n'y en a pas ou peu… ». Les jeunes seraient donc utiles pour dorer l'image pendant les campagnes et pour rajeunir en apparence le pool de candidats. Mais derrière ils sont une variable d'ajustement en étant placés de façon stratégique pour tout de même laisser les positions *réellement* éligibles aux anciens. Pourtant, « le rôle du jeune en politique, ça n'est pas d'être jeune, c'est d'être responsable politique », comme le dit Arthur Delaporte dans notre échange.

Ce n'est pas étonnant qu'on retrouve le même phénomène chez les femmes. Elles n'ont pourtant jamais été aussi nombreuses en tant que candidates que lors des dernières élections législatives de 2022. Elles représentent 44 % des candidatures, soit 2 % de plus qu'en 2017 et 4 % qu'en 2012, mais seulement 37 % de l'Assemblée. Pourquoi ce décalage ? Parce qu'elles sont plus souvent envoyées que les hommes dans les 100 circonscriptions les plus défavorables pour chaque formation politique, jusqu'à trois fois plus pour le RN.

Une fois élus, les jeunes, et les jeunes femmes encore, sont exclus des postes à responsabilité : aucun député de moins de 30 ans n'occupe un poste de président des 10 groupes politiques, aucun ne préside une des 8 commissions permanentes, aucun n'occupe un des 22 postes du Bureau de l'Assemblée nationale, ni vice-présidence, ni questure, ni secrétariat.

Opacité des investitures

Il y a une privatisation de certaines expertises et compétences stratégiques par les hommes politiques les plus influents au sein de chaque parti, acquises au cours du temps et en fonction du degré de déférence. Le cas de la direction des campagnes politiques, déterminante dans la conduite des négociations et le ciblage des investitures. C'est un poste clé souvent réservé aux proches des candidats. Il est aussi stratégique pour la suite de la carrière politique, rouage d'un système de récompense et de renvoi d'ascenseur. Or, la direction de campagne est généralement dans les mains d'hommes très installés dans l'appareil, comme en témoignent les présidentielles de 2022 qui voient derrière chaque candidat ayant fait plus de 5 % ce profil type : Grégoire Potton (Emmanuel Macron), Christophe Bay (Marine Le Pen), Manuel Bompard (Jean-Luc Mélenchon) et Bertrand de La Chesnais (Éric Zemmour).

Des codes exclusifs et excluants

L'exercice professionnel de la politique repose principalement sur des codes implicites. Un langage inaccessible à celles et ceux qui ne l'ont pas déjà acquis, notamment dans la socialisation des mouvements politiques de jeunesse, eux-mêmes très codifiés et très genrés. On abrège, « PR » pour le président, « Circo » pour circonscription, « TO » pour texte d'orientation, « EDL » pour éléments de langage… On se connaît, on se reconnaît : pour les jobs, il n'existe, ni fiche de poste, ni liste de compétences requises. C'est majoritairement par cooptation que ces codes s'acquièrent, donc selon des mécanismes d'asymétries d'information. Si la plupart des autres métiers s'apprennent par la formation initiale et continue, le rôle politique s'apprend « sur le tas », ce qui de fait exclut un bon nombre de profils non aguerris, notamment les moins expérimentés et les plus sujets à l'instrumentalisation – les jeunes.

Cette culture de l'informel participe du manque de démocratie au sein de structures pourtant censées être au service du bon fonctionnement démocratique du pays. Sont régulièrement pointés le défaut de transparence, l'organisation de boucles toujours plus réduites à mesure qu'on se rapproche de la tête des partis, qui prennent des décisions en huis-clos, et souvent entre hommes. Boucles qui se sont démultipliées avec WhatsApp et Telegram, le phénomène de *boys' clubs*…, toutes ces organisations hermétiques découragent les jeunes générations, qui ont développé une tout autre culture de l'horizontalité et de la transparence. C'est ce que confirme mon entretien avec Gabriel Mazzolini : « Il y a une inadaptation des partis politiques dans leur fonctionnement, que ce soit chez LFI dont le fonctionnement n'est pas clair, EELV qui semble toujours fonctionner comme un petit parti, le PS, autour des congrès, c'est pareil. Les appareils politiques ne sont pas outillés pour fonctionner démocratiquement. Or, une des demandes de la jeunesse, c'est que les choses soient transparentes, démocratiques, faire que les gens puissent vraiment participer aux processus électoraux. »

Pour Agathe Hamel, le pouvoir est organisé pour se reproduire lui-même : « Globalement, ceux qui n'ont pas les codes et la compréhension très tôt de savoir où il faut s'insérer dans un espace de pouvoir sont foutus. Quand on a pu passer les deux premiers tests et qu'on essaie d'y survivre, c'est tellement violent et ça demande tellement de compromis, d'alliances et de stratégies discutables qu'on finit par partir. En fait, ce sont principalement les jeunes et les femmes qui finissent par partir, pour s'engager autrement et ailleurs. »

En effet, c'est par cette connaissance des codes imposés que les anciens des partis politiques, les « *apparatchiks* », détiennent la vérité sur la façon de faire de la politique, et excluent ou discréditent celles et ceux qui tentent de nouvelles méthodes. Lauren Lolo l'a expérimenté. Cette jeune élue de Fosses m'explique que, dans les réunions politiques auxquelles elle participe, on ne la laisse pas parler quand elle lève la main, on lui coupe la parole, on l'infantilise, on lui dit qu'elle ne sait pas de quoi elle parle et que la politique, ça ne fonctionne pas comme ça. Qu'au fond, elle « joue à faire de la politique », que ce qu'elle fait, ce n'est pas de la « vraie politique ». Elle ajoute : « Si tu veux parler politique, il ne faut pas avoir de marque de féminité dans ta tenue, dans ta coiffure. » On lui demande : « Tu n'es pas un peu trop *girly* pour faire de la politique ? » Une fois, elle avait mis des faux ongles : « Ce n'est pas très sérieux pour quelqu'un qui veut faire de la politique, ne crois pas que c'est ton physique qui va te faire percer dans ce milieu. »

Présomption d'incompétence de la jeunesse

Il y a aussi du bizutage classique. On va demander aux jeunes recrues plus de travail, pour prouver leur légitimité à siéger dans ces institutions, là où c'est présumé naturel chez le profil classique de l'homme politique. Dans leurs réponses aux médias, les jeunes élus partagent le même constat, peu importe leur étiquette politique : Cécile Muschotti, 30 ans en 2017 lorsqu'elle est députée LREM du Var, dit avoir du mal à s'imposer : « Femme et jeune, il faut redoubler d'effort pour démontrer qu'on peut être pertinente. » Et Ugo Bernalicis, alors 28 ans et député France insoumise du Nord : « C'est insupportable quand certains députés plus âgés finissent par utiliser des arguments d'autorité. L'âge ne fait pas la conviction politique[1]. »

La jeune députée écologiste Marie-Charlotte Garin a aussi fait l'objet de jugements, de commentaires désobligeants, elle

1. Lucas Mediavilla, « Quatre jeunes députés racontent leur année à l'Assemblée », *Les Échos Start*, 29 mai 2018.

qui est pourtant un des visages les plus médiatiques de cette nouvelle Assemblée. Si elle a fini par se faire une place, c'est « au prix d'une survigilance, de choix de communication et d'apparence stratégique pour faire sérieux. À l'Assemblée nationale, il y en a qui pensent encore spontanément que je suis stagiaire. Il y a un stigmate, un préjudice de la jeunesse. Ça demande une énergie folle de naviguer pour démonter ces a priori, doublés du syndrome de l'imposteur. Ça m'inquiète beaucoup, parce que moi j'ai conscience que j'ai bénéficié d'un bagage culturel socio-économique qui a fait que j'étais pas complètement démunie, mais comment on protège les plus démunis ? ». Au sein de l'hémicycle, elle n'est pas seule. Arthur Delaporte me rapporte que, lorsqu'il a voulu devenir responsable de fédération, un élu plus âgé lui avait répondu qu'il « brûlait les étapes ». Lui qui se fait régulièrement appeler « jeune homme » par ses collègues députés regrette qu'« être jeune en politique, c'est avoir une ambition démesurée. Il y a une forme de mépris, plus ou moins conscient. Pour montrer que tu es compétent, tu dois travailler deux fois plus ».

Agathe Hamel fait l'objet du même discrédit a priori en tant que jeune conseillère, au sein du CESE : « On n'est jamais considérés comme légitimes a priori, il faut toujours qu'on fasse nos preuves. En tant que jeune et femme, on n'a pas la même valeur et la même capacité d'expertise, de pertinence que les autres. Du coup, j'ai dû bosser beaucoup plus que d'autres gens pour arriver à un niveau de confiance à peu près similaire. »

Un autre signe du discrédit qu'on prête naturellement aux jeunes actifs dans les sphères politiques, c'est l'argent. À y voir de près, ces jeunes sont souvent appelés à intervenir en public pour moderniser les panels, mais ils ne sont souvent pas ou peu payés parce qu'ils manqueraient d'expérience, notamment en négociation. C'est le cas de Shanley Clemot McLaren, régulièrement invitée en tant que speaker dans des conférences, sans être rémunérée, alors que des personnes plus âgées, appartenant à des classes sociales plus élevées que la sienne, et ayant donc les codes depuis plus longtemps qu'elle, gagnent de grosses sommes pour bien souvent moins de travail que celui qu'elle effectue. « Elles envoient leur devis, moi, je ne savais même pas que le militantisme pouvait rapporter de l'argent. Encore plus récemment, j'ai appris qu'il y avait des événements où j'étais speaker et où tout le monde était rémunéré sauf moi. » Quand elle a commencé à dire qu'elle voulait être rémunérée comme les autres, « le ton a changé, et ces personnes me parlaient de manière semi-embarrassée, semi-paternaliste. Ce mépris, dû à l'âge, mais aussi à la classe, est quelque chose qui me fatigue énormément, mentalement, et qui pousse au burn-out pour beaucoup d'entre nous ».

Dans les sphères institutionnelles où Marylie Breuil a évolué, au sein de services a priori progressistes, indépendants et censés porter un éclairage neutre et des valeurs d'égalité « qui lui correspondent », c'est la même musique : « Je me suis dit que j'allais pouvoir porter dans mon monde professionnel les combats que je portais dans le militantisme, et, en fait, je me suis retrouvée dans une institution qui non seulement n'accorde aucun crédit, mais qui discrédite la parole des jeunes. Dans un événement qu'elle devait organiser, elle a voulu leur donner la parole sur les enjeux féministes, « on m'a répondu que les jeunes de moins de 40 ans n'avaient aucune crédibilité sur le sujet, aucune légitimité ». Aucune de ses propositions n'a été retenue sur le seul critère de la jeunesse. « Mes productions étaient remises en question en permanence parce que "je n'y connaissais rien". Des sujets sur lesquels je bosse depuis cinq ans et sur lesquels je suis identifiée par les médias les plus *mainstream.* » Des sujets pour lesquels elle a aussi été porte-parole d'une des associations les plus influentes en France.

Stacy Algrain fait part également des nombreuses fois où elle a – étonnement – surpris ses interlocuteurs politiques, qui la considéraient a priori comme naïve et néophyte. Quand, avec le « club des 7[1] », elle confronte les députés sur le projet de loi Climat, ils prétendent être fins connaisseurs et qu'elle ne dispose que de peu d'outils pour comprendre cette complexité. Quand elle rétorque en tenant parfaitement le débat sur les aspects techniques, elle sent le désarroi. « Je me souviens aussi du premier débat télévisé sur le climat avec le président du Medef. Avant de commencer, le journaliste lui demande s'il n'est pas trop stressé. Le président du Medef me jette un regard narquois en lui répondant "oulala non pas du tout stressé", l'air de dire, "je n'ai pas peur de cette petite nénette". Au moment où j'ai commencé ma tirade et à poser mes questions, j'ai vu dans son regard qu'il se disait "OK, ça ne va pas être si simple que ça"… »

Soumission

Face à cette présomption d'incompétence, on comprend mieux pourquoi, quand ils arrivent dans les institutions politiques, les jeunes essaient justement d'adopter ces codes,

1. Groupe de sept jeunes militants écologistes qui se sont rassemblés à proximité de l'Assemblée nationale afin d'interpeller les députés sur la loi Climat pendant son adoption : Hugo Viel, Julie Pasquet, Mathis Fidaire, Lou Garcia, Stacy Algrain, Camille Étienne et Agathe Daniel.

pour se conformer, se fondre dans le moule, se sentir légitimes. Mais l'enjeu, c'est alors de perdre de son authenticité, d'entrer dans un rôle de vassal qui empêche le renouvellement dont ils étaient pourtant la promesse. Il y a aussi un risque à prendre de la distance avec les combats, avec les gens qu'on était censés représenter, de se détacher de sa base.

Agathe Hamel s'interroge : « Jusqu'où tu peux te renier, jusqu'où tu peux laisser parler, laisser passer un certain nombre de choses avec lesquelles tu n'es pas du tout d'accord dans ces espaces politiques ? » Il y a un équilibre à tenir pour ne pas exploser en vol dès le début, asseoir sa crédibilité, qui demande parfois d'avaler des couleuvres : « T'es obligée de faire des choix pour continuer à faire partie du système, assurer un lien partenarial, créer des alliances pour pouvoir faire avancer des sujets, c'est de la stratégie à moyen/long terme. »

Kevin Bhema Vacher interroge ce processus d'autotrahison possible : « À quoi ça sert d'être jeunes en politique si c'est pour ressembler aux vieux ? Ceux qui y sont allés ont accepté la loyauté demandée par les organisations politiques aux schémas d'action prédéterminés. Du coup, il n'y a pas de cassage de codes, il y a une reproduction encore des codes de ces structures. On le voit avec la jeune garde de Mélenchon, elles et ils sont loyaux au parti avant tout et n'apportent rien de nouveau sauf sur la forme – notamment numérique –, alors que, à l'extérieur des partis, des tas de jeunes réinventent des façons de lutter passionnantes et proposent des avancées de fond, par exemple sur les luttes antiracistes, écolos ou féministes. »

La culture du chef l'emporte sur la liberté de parole, l'indépendance, et l'esprit critique, notamment chez les jeunes qui deviennent parfois des caricatures d'hommes politiques pour se faire accepter comme tels. Dans notre échange, Samuel Grzybowski compare cette logique à celle de la mafia, qui te fait « payer toute ta vie tes choix de préférence comme si c'était une loyauté existentielle ». Il y a une prime à la loyauté plus forte qu'une prime à la vision, à l'incarnation, perpétuant de fait des logiques de baronnie, de cour, de concurrence. Pour Pierre Gilbert : « Quand tu es jeune et que tu fais de tes 20 à tes 30 ans de la politique, donc un tiers de ta vie, tu vas attendre de façon plus importante une place dans l'ascenseur politique. Ça va créer une hostilité assez forte envers les gens qui n'ont pas dix ans de clan derrière eux. Ce qui fait que des gens aujourd'hui ne sont pas démarchés par des partis à la hauteur de leur engagement dans la société civile, c'est aussi parce que les jeunes en interne sont très jaloux et ne veulent pas laisser pénétrer des têtes bien faites dans l'appareil. » Ils finissent par verrouiller eux-mêmes le système, par adopter les pratiques qu'ils rejetaient hier.

Stacy Algrain plussoie : « Les rares jeunes qu'on voit émerger dans la sphère politique, ce sont des jeunes qui ont repris tous les codes des politiques : est-ce qu'ils font encore partie vraiment de la jeunesse, ou font-ils déjà partie du moule, ont-ils perdu l'attache avec les jeunes ? On le voit avec l'aspect vestimentaire, on essaie de se travestir pour montrer qu'on a bien compris les codes : cravate, costume, veste, talons. À 20 ans, on se donne des allures de vieux loups de la politique. Sur le langage, c'est pareil : on voit les jeunes qui utilisent un langage soutenu, des concepts qui appartiennent à une certaine élite culturelle, politique, alors que non, pour moi, la jeunesse se distingue aussi par un certain langage, la manière de parler notamment, on le voit sur les réseaux sociaux. Qu'est-ce que ça veut dire alors ? Que la légitimité politique repose sur une seule façon de parler, de s'habiller ? » Shanley Clemot McLaren me confie d'ailleurs faire depuis quelque temps attention à son contenu Instagram, sa « vitrine sociale », un peu malgré elle. Elle efface progressivement ses posts « énervés », ses photos en manifestation pour privilégier des contenus institutionnalisés, à l'Assemblée nationale, avec l'ex-ministre Isabelle Rome, pour que son combat gagne en crédibilité. Elle appelle ça le « Margaret Thatcher syndrome », le fait d'adopter une attitude conforme aux codes imposés pour s'élever, se faire respecter, être pris au sérieux, « même si tes idées sont très bonnes et très fondées, même si tu es expert dans ton sujet. C'est quelque chose que j'ai progressivement adopté et dont j'ai pris conscience très récemment ». C'est un mécanisme de « survie » pour ne pas être étiquetée comme une « petite militante énervée, mais mignonne. C'est quelque chose que j'ai intériorisé malgré moi et sur lequel je m'interroge énormément. Je suis certaine ne pas être la seule dans ce cas… »

Comme Shanley, je me questionne : si c'est justement ces codes qui éloignent toujours plus le peuple de ses représentants, notamment chez les jeunes, pourquoi s'y soumettre ? Ou plutôt : comment ne pas s'y soumettre ?

Les collaboratrices et collaborateurs politiques

« Quand t'es collab à 20 ans, que t'es une femme, t'es juste la jeune faible et la jeune crédule du coin qui connaît pas le milieu. On t'utilise, on t'instrumentalise. » (Marylie Breuil.) La soumission organisée des jeunes dans le milieu politique s'observe bien là où ils sont le plus présents : au sein du personnel politique.

Le métier de collaborateur politique est très particulier. Et je sais de quoi je parle, je l'ai moi-même été. J'en ai fait une série documentaire en podcast, produit par *Slate*[1], dans laquelle j'ai interrogé une dizaine de mes amis du milieu sur cette expérience commune. Ils avaient entre 18 et 30 ans. Ils m'ont tous fait part de la difficulté de ce métier, qui réside dans le déséquilibre ou la fusion entre vie privée/vie professionnelle, dans l'ambiguïté des relations humaines, qui organisent des phénomènes de soumission, d'obéissance, de rétribution, de transaction, d'adoubement, de domination, de violence.

On parle d'ailleurs aisément de « camarades », de « famille politique » dans le milieu. On se tutoie rapidement, si ce n'est immédiatement. Autant d'usages qui témoignent du caractère exceptionnel de l'environnement politique : on y insère de l'intime, du relationnel, de l'affectif. C'est ainsi que, dans le métier de collaborateur, le personnel intervient forcément. En témoigne d'ailleurs la brutalité que peut provoquer une rupture professionnelle, beaucoup plus que dans les autres milieux. « Il y a peu de jobs où l'on doit avoir une telle proximité avec son patron, mais où il peut nous virer du jour au lendemain sans problème, comme je l'ai vécu. Ma période d'essai a été rompue au bout de trois mois environ. J'étais en vacances à la campagne quand un collègue m'appelle et me dit : "Écoute, ton élu a décidé de mettre fin à ton contrat", sans savoir m'expliquer pourquoi. Les

1. « Les Ombres », *Slate*, 2022.

raisons étaient contradictoires, floues, j'étais choquée. Mon député ne m'a pas appelée. Tout s'est passé très vite. Je suis allée rendre mes affaires à l'extérieur de l'Assemblée, sans même être invitée à entrer. Plus tard, mon élu m'a recontactée en faisant comme si de rien n'était pour me parler d'autre chose », raconte une jeune collaboratrice[1]. De façon générale et contrairement aux idées reçues, la plupart des métiers politiques sont des boulots précaires, aux contrats courts, peu protégés, et exclusivement liés à une personnalité qui, demain, peut-être, ne voudra plus de vous.

Le déséquilibre entre vie privée et vie professionnelle naît aussi du temps passé à travailler : la politique, ça ne s'arrête jamais, donc fatalement, les professionnels de la politique ne s'arrêtent pas vraiment non plus. D'ailleurs, très concrètement, les personnes avec qui les collaborateurs « traitent » au quotidien sont les militants, qui commencent leur activité politique après leur propre journée de travail ; les journalistes, qui bouclent à toute heure ; ou les autres collaborateurs qui ont la même amplitude horaire. Phénomène que les chaînes d'info en continu ou les messageries instantanées n'ont pas manqué de renforcer. Cette organisation du temps de travail, dictée par la

1. Anne Chirol, « J'ai compris pourquoi certains politiques ne savent pas donner le prix d'un pain au chocolat à la télé », *Le Monde*, 12 février 2023.

contamination du professionnel par le personnel, par le degré d'engagement militant dont on peut faire preuve et la charge inhérente à la fonction, peut assez facilement mener au surmenage. On vit quotidiennement « des punchs dans la gueule, des horaires à la con, des députés qui nous engueulent sur tout[1] ».

Ainsi, le métier de « collab » finit par nous définir tout entier. Plus qu'un travail, il devient une identité. D'ailleurs, cela transparaît dans le langage : on utilise allègrement le « on » pour parler de son élu – « oui, *on* sera bien aux Universités d'été » –, ce qui montre à quel point on devient invisible, on s'efface, on transfère son identité, on la perd. Pour bon nombre de jeunes conseillers politiques, même ceux qui sont passionnés par le sujet de leur travail, c'est souvent synonyme d'une remise de soi qui s'oppose de fait à une citoyenneté active et autonome.

Violence

« C..., tes petits cris pour que cela cesse ne me font même pas sourire. » Cette phrase avait été écrite sur une boucle Telegram de

1. Yann Bouchez, « Être assistant parlementaire, c'est "des punchs dans la gueule, des horaires à la con, des députés qui nous engueulent sur tout" », *Le Monde*, 20 février 2022.

70 personnes par un membre d'un parti pendant la campagne des européennes en 2019 à laquelle j'avais participé. Elle était adressée à C., une jeune femme salariée de la campagne, qui, en dépit de ses très nombreuses qualités professionnelles et de son dévouement pour le parti depuis des mois, était harcelée et violentée, et ce, même en dépit de ses alertes et de ses demandes répétées pour que « cela [harcelement et violences psychlogiques] cesse ».

Ce message, d'une brutalité inouïe, parmi tant d'autres que j'ai vus défiler, m'a fait me rendre compte de la violence des rapports humains en politique, et notamment à l'égard de celles et ceux qui travaillent le plus, plutôt les jeunes femmes. Un des invités de mon podcast « Les Ombres » disait à propos de cette même campagne que nous avions faite ensemble : « Il m'est arrivé de rencontrer des personnes vraiment méchantes, vraiment nocives. Une fois, j'ai eu à connaître dans une campagne une personnalité borderline. Elle était très convaincue par ses engagements écologistes et en même temps extrêmement brutale. Elle avait décidé de se venger sur des personnes qui avaient travaillé, des collaborateurs et collaboratrices de la campagne. Ces règlements de comptes, elle avait décidé de les mener dans une sorte de cabale avec des mails extrêmement violents où elle demandait qu'on organise un jury en interne pour demander des comptes à telle ou telle personne. Et ça m'a ulcéré. C'était s'en prendre à des gens qui étaient sincères, qui ont fait ce qu'ils ont pu dans des conditions pas faciles. [...] Dans les organisations politiques, on a souvent comme ça des règlements de comptes très brutaux qui laissent des traces. Parfois, ça peut aussi dégoûter des personnes qui se disent "tout ça, ce n'est pas pour moi". » En l'occurrence, cette jeune femme n'a jamais plus remis un pied en politique, alors même qu'elle y excellait.

Cet épisode dit à quel point le monde politique est encore empreint d'une culture de la violence, viriliste, dont toutes les catégories exclues du pouvoir sont victimes dès qu'elles y entrent ou tentent d'y entrer. Chloé Ridel sait de quoi elle parle, puisqu'à à peine 30 ans, elle a fondé une association, un *think tank*, et est porte-parole du PS. Pour elle, le monde politique n'est pas du tout inclusif. Il favorise un certain type de personnalité et un certain type de profil. « Pour être en politique, il faut oser dire ce qu'on veut. Or, en tant que femme, sociologiquement, on n'ose pas dire ce qu'on veut, on travaille beaucoup en se disant qu'un jour on va nous identifier. Ça laisse place à des profils masculins qui n'ont pas de honte ou d'inhibition. Or, quand on est jeune, on n'est de fait pas sûr de soi ; donc, les vieux sont aussi plus confiants. »

Violence des rapports humains et du management

La première phase du débat parlementaire sur la réforme des retraites a donné lieu à de très vives tensions et des débats électriques dans l'hémicycle. Punchlines, piques, provocations, accès de colère, outrances, blocages…, les échanges entre députés ont aisément été qualifiés de « violents », comme si cela était aussi quelque chose d'inhérent au monde du pouvoir. Cela a particulièrement été le cas pour les femmes députées, pour certaines victimes d'assauts sexistes très virulents[1]. Cet épisode assez inédit a fait apparaître un aspect très ancien de notre vie publique : la consubstantialité admise entre violence et politique. Théorisé de longue date par les plus grands penseurs et penseuses (Arendt, Montaigne, Weil, Kant…), perçu comme un passage obligé ou comme expression brute de la démocratie, ce vieux couple interroge pourtant sur sa pertinence pour conduire la chose publique. Ça ne fait d'ailleurs pas si longtemps que les hommes politiques ont délaissé la violence physique pour la stricte violence morale et symbolique,

1. Lénaïg Bredoux, Mathieu Dejean, « "Voix aiguë", "jérémiades", "Sarah Bernhardt" : des députées témoignent du sexisme à l'Assemblée », *Mediapart*, 24 février 2023.

puisqu'ils s'affrontaient encore à l'épée il y a à peine plus de cinquante ans[1].

Quand on fréquente les milieux politiques, on a vite l'impression que l'élu est à sa place parce qu'il a réussi à faire sortir tous les gens qui la voulaient au sein de son parti, pour être désigné, être bien placé sur une liste ou être investi dans une circonscription. Il a poussé les uns, joué des coudes avec les autres, s'est placé au bon endroit au bon moment. Cette situation ne peut qu'être le fruit d'une bataille interne au sein des appareils, une valorisation de la concurrence extrême qui ne semble pouvoir se faire que dans la violence.

Et pourtant, cette violence va avoir un impact sur tout l'écosystème politique : par rapport à d'autres milieux, et au regard de leur propre parcours, les politiques peuvent s'autoriser plus de choses et perpétuer un environnement professionnel toxique. Depuis 2020 d'ailleurs, la politique fait son #MeToo. Les dénonciations se multiplient sur les violences psychologiques, le harcèlement moral ou sexuel, les demandes qui dépassent largement le cadre prévu par le travail, la charge de travail démesurée. Travailler en politique, c'est

1. Gaston Deferre, maire de Marseille, et René Ribière, élu gaulliste, s'adonnent au dernier duel à l'épée en 1967.

toujours potentiellement être au contact de personnalités mégalos, brutales, erratiques, léonines, épuisantes, nocives, harcelantes. Qui se croient tout permis.

Cette animosité, cette façon d'orchestrer la concurrence, la violence, le manque d'écoute et de collaboration dans les relations humaines dans un cadre professionnel, appartiennent pour moi à une certaine génération, et détonnent avec les nouvelles aspirations de bienveillance au travail que les jeunes promeuvent. En témoigne, assez récemment, le manque de tendresse avec lequel a été accueilli le mouvement de la Primaire populaire par les partis, alors même que ce mouvement de jeunes cherchait à innover, à dépasser ces pratiques politiques.

Violences sexistes et sexuelles

« Il y avait dans l'équipe deux mecs et moi. On ne m'écoutait que quand les mecs avaient terminé de parler. J'étais un pioupiou », me confie Flora Ghebali sur son expérience du sexisme à l'Élysée. En politique, le sexisme est total et systémique : silenciation, injures, provocations, menaces, intimidation, fausses informations. La parole des femmes est habituellement tue ou entravée. Elles sont harcelées, violentées physiquement, sexuellement. Selon l'enquête d'Élues locales, trois élues sur quatre affirment avoir déjà subi « injures, harcèlement, violences verbales et parfois physiques » au cours de leur mandat, des « blagues dévalorisantes » aux « humiliations ». Une femme sur trois a déjà pensé à abandonner la politique à la suite de comportements sexistes, et une sur deux ne se sent pas légitime à son poste. Le sondage 2019 de Chair collaboratrice élargit le spectre à toutes les professionnelles de la politique : une collaboratrice sur deux a déjà été victime de blagues sexistes ou sexuelles ou de propos déplacés sur son apparence ou sa vie personnelle, une sur trois d'injures sexistes et d'attitudes insistantes et gênantes, une sur cinq d'agression sexuelle. Avec le recours massif aux outils numériques, notamment en politique, le cyberharcèlement des femmes engagées est devenu quotidien : selon Amnesty international, les femmes politiques reçoivent un tweet insultant toutes les trente secondes.

Face à ces violences, l'impunité gouverne encore : dans un cas sur deux seulement, les faits sont remontés à des responsables politiques, et des mesures ont été prises pour 10 % des agissements uniquement. Plus de huit élues sur dix estiment ne pas se sentir accompagnées dans la prévention et la lutte contre les violences sexistes et sexuelles. Les femmes travaillent structurellement plus[1], pendant que

1. Comme l'explique le HCE : « Les hommes se réservent les tâches à forte valeur sociale ajoutée (prise de parole publique, micros tendus, présence

les hommes « organisent la pensée », me dit Agathe Hamel de son expérience au CESE. Elle qui, identifiée comme présidente de la délégation des droits des femmes au sein de la troisième assemblée constitutionnelle, a commencé à faire des heures sup à recueillir les paroles de femmes sur leur vécu du sexisme et des violences. Si, désormais, une cellule d'écoute spécifique a été mise en place, cela en dit long sur notre incapacité ou notre lenteur à créer des espaces pour que les femmes se sentent libres de parler au sein des directions des ressources humaines, et non pas auprès

---

physique dans la salle des Quatre-Colonnes de l'Assemblée à l'issue des séances, réseautage, visibilité, réputation politique, etc.), tandis que les femmes profitent de ces moments pour travailler les dossiers dans leurs bureaux. […]. Alors que l'assiduité des femmes est plus importante en commission par exemple (236,2 semaines sur la mandature 2017-2022 contre 233,3 pour les hommes), elles y interviennent sensiblement moins : le nombre moyen d'interventions en commission par femme sur une mandature est de 314 contre 366 pour les hommes, soit 15 % de moins. Cette tendance se renforce en hémicycle, espace plus solennel encore, où les femmes prennent en moyenne 351 fois la parole contre 475 pour les hommes, soit un quart de moins. Les députés hommes sont donc 25 % plus vocaux que leurs homologues féminines, tandis que ces dernières sont statistiquement plus présentes sur leur lieu de travail. » HCE, *Parité politique : la nécessité d'un acte II*, 12 décembre 2022.

d'une jeune femme dont ce n'est spécifiquement pas la tâche : « J'ai eu une charge mentale incombant à la fonction qui n'avait rien à voir avec les autres camarades des commissions. »

La haine misogyne en politique repousse les jeunes profils féminins et jeunes. La démission de la Première ministre néo-zélandaise Jacinda Ardern le 25 janvier 2023 – ironiquement d'ailleurs jour de lutte contre le sexisme –, et son remplacement par le ministre de l'Éducation est particulièrement révélateur de ce climat sexiste. Depuis deux ans, le monde politique fait l'objet de dénonciations multiples sur les violences sexistes et sexuelles qui y prospèrent. Le #MeTooPolitique a commencé par la tribune du *Monde* de novembre 2021[1], dans laquelle 285 élues appelaient les partis politiques à écarter systématiquement les auteurs de violences sexuelles et sexistes de leurs rangs. Les révélations liées aux élections législatives et présidentielles de 2022 sont venues confirmer le caractère massif du sexisme en politique et des violences impunies qui en découlent, notamment grâce au travail très engagé de l'Observatoire des violences sexistes et sexuelles en politique, fondé en 2022 par des jeunes élues et professionnelles de la politique.

1. « Il faut "écarter les auteurs de violences sexuelles et sexistes" de la vie politique », *Le Monde*, 15 novembre 2021.

N'oublions pas d'ailleurs que la dernière affaire pré-MeToo impliquait un homme politique d'envergure : DSK.

Si les violences sont aussi ancrées dans la politique, c'est que celle-ci reste un monde culturellement façonné par et pour les hommes. Dans son ouvrage, *L'homme politique, moi j'en fais du compost*[1], sur les coulisses de l'Assemblée nationale, la jeune Mathilde Viot, ancienne collaboratrice parlementaire, se livre à un témoignage poignant de l'univers archétypal masculin, ne serait-ce qu'esthétique, dans lequel gravitent les politiques. Alors qu'on trouve des centaines de sculptures d'hommes politiques illustres au palais Bourbon, les sculptures de femmes, hormis celle la très solitaire Olympe de Gouges, ne représentent que des allégories féminines, et des déesses nues…

Il est d'autant plus urgent de changer cette culture de la violence sexiste que, au-delà de sa prévalence dans le monde politique, cette violence s'est *politisée* ces dernières années. Le masculinisme est en effet devenu un lieu de politisation de plus en plus prégnant. Le mouvement Reconquête !, d'Éric Zemmour, brasse énormément de jeunes hommes en colère et supérioristes, sexistes, mais aussi

1. Mathilde Viot, *L'homme politique, moi j'en fais du compost*, Paris, Stock, 2022.

racistes, homophobes et transphobes. Puisque, en général, ça va ensemble. Ce phénomène est très inquiétant, notamment au regard de ce qu'il cristallise dans les choix politiques : on voit, par exemple, le mouvement anti-IVG partout s'organiser, se financer, se politiser. On voit encore la propagande masculiniste en ligne se propager, détruire le destin de femmes illustres, être soutenue par les médias conservateurs : le média *The Daily Wire* a ainsi dépensé des centaines de milliers de dollars en publicité sur Facebook et Instagram pour promouvoir ses articles à charge contre l'actrice Amber Heard pendant le procès qui l'opposait à Johnny Depp en 2022. Une inquiétude que les jeunes militants du camp progressiste partagent, comme Achraf Manar qui s'alarme face « au renforcement des identitaires, de la haine, du virilisme chez les jeunes. De notre côté, il faut qu'on façonne l'espoir, il faut s'attaquer à une fracture très dure à résorber ».

Le spectre d'une guerre intergénérationnelle

La difficulté qu'ont les jeunes à accéder et à se maintenir en politique, a fortiori celles et ceux issus des minorités, n'est pas sans conséquence sur l'avenir collectif. L'exclusion organisée des sphères de pouvoir confine les jeunes générations à une forme d'impuissance au sein de collectifs, certes actifs, mais non décisifs et souvent impuissants. L'inaction, l'incompréhension, la violence sont les seules réponses que les jeunes reçoivent de leurs aînés. Beaucoup nourrissent de ce fait découragement, anxiété, fatalisme, résignation. Surtout, cette irréconciliabilité entre clairvoyance des uns et pouvoir vide des autres pose les bases d'une guerre entre les générations, qui nous met toutes et tous en péril.

Burn-out militant

Le manque de représentation dans les espaces de pouvoir, combiné à un désir profond de s'engager, va naturellement conduire les jeunes à leur surreprésentation ou leur surinvestissement dans les espaces militants, dont les revendications sont trop peu suivies d'effets concrets. Dans un contexte général de décharge des missions de service public et de l'État au monde associatif sans suffisamment de moyens ni de suivi, cet engagement abîme nécessairement les corps, les vies.

Le combat des jeunes générations sur la protection de l'enfance, sujet depuis toujours, sinon oublié, du moins négligé par la puissance publique, est très révélateur de ces dysfonctionnements.

Lyes Louffok est l'incarnation du burn-out militant. Porte-parole des enfants placés, dont il a lui-même le vécu, engagé pour les droits de l'enfant depuis 2014, il témoigne cette même année des maltraitances familiales et institutionnelles que les enfants subissent dans son livre *Dans l'enfer des foyers*[1]. Il milite depuis pour une réforme de l'Aide sociale à l'enfance (ASE) et pour une meilleure représentativité politique des enfants. Régulièrement humilié par les pouvoirs publics, pris de haut (il raconte par exemple un échange particulièrement vexatoire avec Christiane Taubira dans son livre), il publie une lettre poignante en 2022 qui marque la fin de ses activités militantes. À tout juste 27 ans, il se dit « épuisé » par ses dix années d'activisme pour la protection de l'enfance, qu'il définit comme « la cause orpheline du militantisme », structurellement délaissée du fait tragique de la nullité politique, stratégique et électorale des enfants – sujet sur lequel Lyes Louffok a écrit un second livre *Si les enfants votaient : plaidoyer pour une politique de l'enfance*[2]. Il demande : « Dans l'histoire, s'il s'est trouvé pléthore de bourreaux d'enfants tristement célèbres, combien compte-t-on de célèbres défenseurs d'enfants ? »

1. Lyes Louffok, *Dans l'enfer des foyers*, Paris, Flammarion, 2014.
2. Lyes Louffok, Sophie Blandinières, *Si les enfants votaient. Plaidoyer pour une politique de l'enfance*, Paris, HarperCollins, 2022.

D'après ma conversation avec Anissa Maille, militante pour la protection des droits de l'enfance et fondatrice de Young & Safe, association de lutte contre les différents types de violences faites aux enfants et aux adolescentes, la question de l'épuisement militant intervient très tôt. Elle regrette qu'on n'ait pas donné d'intérêt à sa cause (la protection de l'enfance) : « Plein de gens, l'institution, les pouvoirs publics m'ont beaucoup ignorée. C'est fatigant parce que non seulement on fait le travail qu'ils sont censés faire, et en plus on n'est pas écoutés, on est seuls. Ça met un coup au moral quand on se démène, on va à des rendez-vous, des conférences, on fonde des assos, mais au final on n'est pas pris au sérieux, alors qu'on fait mieux qu'eux et plus qu'eux… »

*

Solastalgie

La brutalité institutionnelle, la violence du milieu de l'engagement et l'injonction faite aux jeunes d'en faire toujours plus pour prouver la légitimité de leurs revendications ont ainsi conduit plus d'un à abandonner. Si la politique ne se fait plus où elle doit se faire, si même où elle se fait elle devient un exercice trop difficile, comment ne pas tomber dans le découragement le plus total ?

Ce qui me frappe dans mes conversations avec certains, c'est le degré de fatalisme dans leurs mots. Le fatalisme, c'est le fait de considérer tous les événements comme irrévocablement fixés à l'avance par une cause unique et contre laquelle on ne peut rien faire. Or, c'est, je le conçois, exactement ce qui est en train de se passer politiquement : les décisions qui sont prises opèrent au mieux un statu quo, au pire une aggravation irréversible de nos conditions de vie pour les années et les siècles à venir. De nombreux jeunes, notamment de la « génération climat » pensent en effet qu'on a déjà perdu la bataille, que la fin du monde est déjà en marche et qu'on disparaît collectivement.

C'est un cadre de pensée, de projection, inédit, vertigineux et tragique.

À la fin de notre conversation, Modibo Massaké se confie sur une forme d'inquiétude qu'il nourrit depuis la pandémie : « J'ai peur d'imaginer l'avenir. Avec le Covid-19, j'ai placé mes espoirs dans un réveil citoyen, une prise de conscience, j'ai pensé qu'on n'allait plus vivre comme avant, qu'on allait vraiment rejeter l'ancien monde. Mais non, je suis déçu depuis. Les mêmes routines, les mêmes façons de poursuivre les inégalités. Les Ukrainiens se battent, c'est la prémisse d'une Troisième Guerre mondiale, et nous, on ne s'indigne pas contre cette guerre mais contre le danger pour nos petits privilèges, on s'indigne parce qu'il n'y a plus de moutarde ou de farine dans les supermarchés. Comment peut-on encore penser comme ça ? Je ne veux pas imaginer un futur qui sera moins beau que le passé. »

Pourtant, comment croire en l'avenir si même ceux qui s'engagent chaque jour réellement à en changer le cours s'y épuisent, et vainement ?

Le non-désir d'enfant est symptomatique de cette « sombritude » générationnelle : selon un sondage Ifop-*Elle*, 30 % des femmes entre 18 et 49 ans ne voudraient aujourd'hui pas d'enfant, notamment pour des raisons écologiques[1]. En réalité, ce sujet est une fausse nouveauté, comme l'a très bien décrypté la sociologue Charlotte Debest dans *Le 1 hebdo*[2], puisque, en réalité, seulement 5 % des personnes peuvent être vraiment considérées comme volontairement sans enfant selon l'Ined. Et ce chiffre n'a pas évolué depuis plusieurs années. Cependant, il faut le dire, le tabou se lève sur ce non-désir dont on prend le pouls en 2023 : la natalité n'a jamais été aussi basse… et les températures

1. Laurène Ischi, « Sondage : en France, 30 % de femmes ne veulent pas d'enfant », *Femina*, 30 octobre, 2022.

2. Charlotte Debest, « Un non-désir qui dérange », *Le 1 hebdo*, n° 449, 3 mai 2023

aussi hautes. Pour avoir vécu l'expérience d'élever mon premier nourrisson en pleine canicule, je ne peux que comprendre. Or, cela entraîne à vitesse grand V de nouvelles injonctions sociales. Et, pire, de nouvelles violences médicales, notamment le refus de ligaturer les trompes de jeunes filles contre leur volonté[1].

Le désir ou non-désir d'enfant est et restera de l'ordre de la liberté individuelle et intime. La liberté des femmes, sacrée. Mais je m'interroge sur la contradiction qui existe entre vouloir se battre pour la survie de l'humanité et renoncer soi-même à enfanter. Au-delà du paradoxe, c'est une profonde tristesse et un sentiment d'échec collectif qui m'habite quand j'observe des amies passer parfois au crible leur existence au bilan carbone. S'occuper de nos enfants, c'est aussi, selon moi, se projeter concrètement dans l'avenir, dans la permanence de notre « maison planète », c'est continuer l'histoire, donner du sens à la bataille écologique, et passer le flambeau pour la faire perdurer. Comment redonner aux jeunes confiance en l'avenir pour qu'ils retrouvent le désir de l'occuper ?

*

1. Lise Lafaurie, « En France, malgré la loi, se faire ligaturer les trompes est un parcours du combattant », *Slate*, 6 octobre 2021.

Quand les jeunes, forts des nouvelles formes d'engagement et visions du monde dans lesquelles ils ont baigné, accèdent aux fonctions qui pourraient réellement changer les choses, ils payent cher, s'effacent, se plient, se brisent, encaissent, partent, abandonnent. En quel avenir citoyen peut-on encore croire alors ? Comment enrayer l'incompréhension mutuelle qui grandit entre les générations ?

Il devient urgent de réformer ce système politique malade. De le rendre capable de s'adapter aux évolutions générationnelles. D'accueillir réellement et avec bienveillance. De maintenir ces voix, ces profils, ces pratiques nouvelles. De faire en sorte que les partis, les institutions, les sphères de pouvoir cessent de se priver de leur propre renouvellement. L'organisent. Ce qui pourrait aussi soigner notre système démocratique.

Pour un réveil politique

> « La réconciliation doit se faire, car le monde associatif a quand même un plafond de verre : si on veut faire avancer notre vision, la question électorale est centrale, donc il y a un enjeu véritable à ce que les jeunes aillent dans les partis. La question, c'est avec quelles règles de partage de lumière, de représentativité, de prise de parole, de gouvernance, de démocratie ? »
>
> ACHRAF MANAR

La classe politique gagnerait à avoir une oreille attentive à ce besoin de changement qui s'affirme chaque jour dans la mobilisation de la jeunesse. Inversement, on n'arrivera pas à changer réellement les choses si les nouvelles façons de s'engager se limitent à des collectifs citoyens… qui ont vocation à représenter des groupes d'individus sans définir, ni conduire l'intérêt général, ni être en mesure démocratiquement de le faire, d'ailleurs.

Il s'agit donc de réinventer notre système à la fois dans les incarnations – y mettre des jeunes, et en particulier des jeunes femmes, des racisés, des minorités agissantes pour que les concernés deviennent décideurs – et dans les méthodes –, de revoir les manières de voter, d'exercer la politique. Il s'agit aussi de travailler sur les politiques publiques à l'égard des jeunes pour leur donner des capacités réelles et durables d'engagement politique, social.

Enfin, je crois profondément en la force d'un changement global et radical contre l'exercice viriliste, brutal, du pouvoir, contre la consubstantialité entre violence et politique. Une autre façon de faire de la politique est possible. Elle est même carrément souhaitable dans un monde où les enjeux et les menaces collectives – climatique, sociale, économique… – dépassent très largement le temps électoral et les guéguerres partisanes. Il y a la place, l'envie, pour une façon plus bienveillante, plus constructive, plus horizontale, plus humble, plus pérenne, de *faire politique*, et qui peut être largement inspirée des outils auxquels se sont formées les jeunes générations. D'ailleurs, la bonne nouvelle, c'est que l'écrasante majorité des personnes interrogées dans ce livre *veulent* intégrer le monde politique à condition que le monde politique change.

1- Démocratiser la démocratie

Notre aspiration générationnelle à une démocratie plus directe, proportionnelle et permanente est une réponse réelle à la crise institutionnelle que nous traversons.

Nouvelle démocratie et souveraineté populaire

Si les jeunes ne vont plus voter, car ils ont le sentiment de ne pas compter, alors il faut faire en sorte que les voix comptent. Sans faire de propositions techniques sur le meilleur canal existant pour renouveler notre démocratie – bien que je pense qu'on ne peut pas se départir d'une nouvelle Constitution –, on doit opter pour une *nouvelle pratique référendaire* en France. Aujourd'hui, les modalités du référendum d'initiative partagée prévu par la Constitution sont ultra-complexes. Il nécessite de recueillir le soutien de 10 % du corps électoral (soit 4,8 millions de signatures) et repasse beaucoup par l'aval du Parlement. Proposons une forme, des formes de référendums d'initiative réellement citoyenne, ou un « 49.3 citoyen ». Un référendum nécessiterait le soutien de 500 000 ou 1 million maximum.

Oregon (États-Unis)

L'Oregon Citizens' Initiative Review (la CIR) est un exemple de dispositif délibératif souhaitable et réplicable en France. C'est un référendum d'initiative populaire qui permet à un grand nombre de citoyens de peser officiellement dans le débat public et d'influencer la législation de l'État d'Oregon. Pendant cinq jours, des groupes diversifiés de 24 citoyens inscrits sur les listes électorales de l'Oregon sont tirés au sort pour évaluer des initiatives citoyennes susceptibles de faire l'objet d'un portage législatif. À l'issue des délibérations, chaque panel de citoyens rédige une déclaration d'une page qui fait figurer les arguments en faveur d'un pour et ceux en faveur d'un contre à la question posée, ce qui organise un débat public plus éclairé. Cette déclaration sera ensuite transmise sous la forme d'une brochure à l'ensemble des électeurs. Elle est effectivement lue par au moins huit électeurs sur dix.

Un tirage au sort, représentatif en matière d'âge et de genre de l'électorat français, pourrait composer une cohorte, une partie de nos élus ou de nos décideurs. C'est une option à envisager sérieusement, que cela donne lieu par exemple à la création d'une assemblée citoyenne à part ou à un groupe au sein des hémicycles existants. Que ces tirés au sort s'expriment de façon temporaire ou permanente.

Le tirage au sort est une option crédible et utile pour plusieurs raisons. D'abord, parce qu'elle exclut de facto l'enjeu de réélection, donc elle engage forcément un exercice désintéressé de la politique et sur le plus long terme. Ensuite, parce qu'elle assure naturellement une meilleure représentativité des catégories les plus exclues de la représentation – jeunes, classes populaires, femmes, personnes non valides, racisés, etc. Enfin, parce qu'elle pourrait inscrire, dans la vie de chaque citoyen à un moment de sa vie, la possibilité et l'expérience de participer à une assemblée citoyenne et d'influer le cours du destin collectif.

Créer un *statut de citoyen participant* comme c'est le cas, par exemple, pour le juré d'assises, avec un aménagement d'horaires professionnels, pourrait réconcilier les plus sceptiques d'entre nous avec la chose publique, tout simplement parce qu'ils y seraient liés. Huit Français sur dix veulent être associés au nécessaire chantier de la réforme des institutions, comme le révèle le sondage au jugement majoritaire organisé par l'institut OpinionWay pour AgoraLab, Démocratie ouverte et Mieux Voter en 2023[1].

Irlande

En 2012, l'Irlande a créé une commission constitutionnelle, composée de 33 responsables politiques et de 66 citoyens tirés au sort pour débattre de différents articles de la constitution irlandaise susceptibles d'être amendés, comme l'abaissement de l'âge du droit de vote, l'élargissement du droit au mariage pour les couples homosexuels ou la place de femmes en politique.

Islande

À la suite de la crise financière islandaise de 2008, l'Islande a procédé au tirage au sort de 1000 citoyens au sein d'une Assemblée nationale chargée d'identifier les points révisables du texte fondamental adopté en 1944. Le pays a ensuite organisé une assemblée constituante, composée de citoyens volontaires élus par la population, pour réviser ce texte, ainsi qu'un référendum.

1. Fanette Bardin, Dorian Dreuil, Chloé Ridel, Julien Roirant, « Malaise démocratique : comment sortir de la crise ? », Fondation Jean-Jaurès, 21 mars 2023.

Canada

Dans la province canadienne de Colombie-Britannique, 160 citoyens ont été tirés au sort en 2004 pour proposer un nouveau système électoral. Cette réforme a été pensée dans un tel format, car les élus eux-mêmes ne se sentaient pas de porter sans courir le risque d'un potentiel conflit d'intérêts.

La multiplication des *conventions citoyennes* telles qu'elles ont pu exister sur le climat ou la fin de vie est aussi souhaitable. Mais la tenue de ces conventions peut être au contraire démocratiquement catastrophique si la méthode de la Convention citoyenne pour le climat est répliquée. Alors que les citoyens ont travaillé des mois sur des propositions fortes, consensuelles, concrètes, seulement 10 % d'entre elles ont été retenues pour la loi Climat, plaçant le pouvoir gouvernemental en cynique et autoritaire décideur en dernier ressort.

Des États généraux de la démocratie, tels que proposés par la Fondation Jean-Jaurès, pourraient être organisés « pour permettre que tous les acteurs de la société s'emparent du sujet et que ces enjeux fassent l'objet de débats ouverts à tous sur l'ensemble des territoires ». Ils seraient assortis d'une délibération réelle à travers une convention citoyenne « mixte » composée de plusieurs collèges : un collège de citoyens tirés au sort, un collège de parlementaires, un collège de représentants de la société civile et un collège d'élus locaux, avec une vigilance accrue sur la juste représentation des jeunes générations en leur sein.

Instaurer une plus grande démocratie au sein des partis politiques. En matière de financement, aujourd'hui inégalitaire, obsolète et sclérosé, des solutions existent, proposées par l'économiste Julia Cagé pour réellement « répondre aux aspirations participatives d'un nombre croissant de citoyens[1] ». Elle propose par exemple de créer des « bons » citoyens de 7 euros, que chacun pourra annuellement flécher vers un parti de son choix au moment de sa déclaration de revenus. Une *coconstruction réelle* des orientations des partis politiques doit également être organisée, par exemple en autorisant chaque adhérent à participer à l'élaboration des programmes. Cela permettrait aussi à chacun de se sentir utile au sein du collectif. En matière *d'investitures*, une séparation stricte des pouvoirs entre les chefs de partis et l'investiture aux élections est souhaitable pour ne pas mécaniquement entraîner une gouvernance des partis orientée vers l'investiture des chefs et toute

1. Julia Cagé, « Pour "une réforme radicale du financement public des partis politiques" », *Le Monde*, 25 février 2019.

une stratégie, opaque, à cette fin. L'instauration d'investitures sur une base populaire changerait la donne quant à la représentation et le respect de la démocratie interne *et* externe aux partis.

Renouveler nos élus

La politique n'est pas un métier. Un des problèmes dans l'accès des exclus au pouvoir, c'est le phénomène de professionnalisation de la politique. C'est le fait d'en dépendre matériellement, d'y faire carrière. On finit par développer des « qualités », plutôt nocives, pour y rester, pour penser à sa survie. Des qualités qui éloignent du fond des sujets et de la vie des gens.

Comme on ne saurait compter sur l'autolimitation des individus, il faut passer par une réglementation stricte. Or, une des façons les plus efficaces de renouveler notre personnel politique, c'est de *limiter le cumul des mandats*. Les mandats synchroniques, en ajoutant par exemple la présidence d'intercommunalités – très stratégique dans la carrière politique – à la liste des fonctions incompatibles. Et les mandats dans le temps : il faut limiter trois mandats pour un exécutif local et deux mandats pour une fonction nationale. Représenter les Français dix ans, c'est déjà pas mal. Et puis les mandats internes aux partis. Tout ça permettrait aussi simplement de sortir d'une vision sacralisée de l'élu de la République et de faire de la représentation avant tout un devoir civique, épisodique, et limité. On me dira qu'il y a une crise de la vocation, que, les candidats, ça ne se trouve pas au coin des rues… Je répondrai que les trois précédents chapitres de ce livre le démentent.

Une façon aussi très efficace de renouveler nos élus, en l'occurrence de les féminiser, c'est de *changer le mode de scrutin.* Comme le propose la journaliste et autrice Léa Chamboncel dans son ouvrage *Plus de femmes en politique !*[1], il s'agirait d'instaurer une part de proportionnelle ou, comme le propose le Haut Conseil à l'égalité, d'adopter un scrutin binominal aux législatives, « qui a largement fait ses preuves en termes paritaires à travers le scrutin départemental réformé en 2013[2] », et de multiplier les scrutins paritaires (versus les scrutins uninominaux) pour les élections sénatoriales. Ouvrir le champ aux femmes, c'est toujours ouvrir aussi à toutes les autres catégories exclues.

Mieux voter

Pour Chloé Ridel, « voter le dimanche, bien habillé, comme jadis on allait à la messe, en votant pour une personne sans

1. Léa Chamboncel, *Plus de femmes en politique !*, Paris, Pocket, 2023.
2. HCE, « Parité politique… », 2022, rapport cité.

pouvoir exprimer pleinement son opinion, c'est dépassé ». Le rituel électoral est en effet périmé. On veut une société moins paternaliste, plus ablative, plus nuancée. L'amélioration de l'élection est aussi synonyme d'une meilleure représentation des jeunes dans l'électorat.

Aux présidentielles de 2022, plus de 2,2 millions de personnes ont voté blanc lors du second tour du scrutin, soit 6,35 % des votants. C'est une expression d'insatisfaction claire, donc une expression démocratique valable. En l'occurrence, le vote blanc dénonce le refus d'une élection qui oblige à voter l'un pour faire barrage à l'autre. Sa *reconnaissance* paraît primordiale pour une démocratie plus au fait des aspirations des citoyens, puisqu'elle pourrait aller jusqu'à changer l'offre politique. Si demain l'abstention se transformait en vote blanc à un premier tour, elle pèserait très fortement sur l'humilité des candidats, sur celle du gagnant ensuite, et sur sa capacité à amender sa feuille de route. Surtout, elle pourrait justifier le passage au *vote obligatoire.*

La lutte contre la mal-inscription sur les listes électorales est un vrai sujet, a fortiori chez les jeunes, qui sont plus mobiles. Plus de 7,6 millions d'électeurs, à 51 % des jeunes, étaient estimés potentiellement empêchés de voter au premier tour de la dernière élection présidentielle à cause d'un défaut d'inscription.

Plusieurs solutions existent, comme l'instauration d'une inscription automatique sur les listes communales en cas de déménagement ou encore l'autorisation des électeurs à voter dans la commune de leur choix pour les présidentielles ou les européennes. Une expérimentation à grande échelle du vote électronique pourrait aussi permettre de lutter contre l'abstention et la mal-inscription des votants.

Pondérer le vote en fonction de l'âge: le principe « un citoyen = une voix », dans une société vieillissante où les jeunes ne feront jamais le poids, pourrait être questionné. Le Brexit, l'élection de Donald Trump, les récents cataclysmes électoraux ont montré que les voix des personnes les plus âgées hypothèquent parfois l'avenir des plus jeunes.

Vote au jugement majoritaire: utilisé lors de la primaire populaire, ce mode de scrutin permet aux citoyens d'attribuer une mention allant de « très bien » à « passable » pour chaque candidat, partant un suffrage plus expressif, informé et nuancé.

Abaisser le droit de vote à 16 ans: la dernière modification de l'âge de la majorité électorale date de 1974 en France. Demandé par la jeunesse notamment issue du mouvement climat, l'abaissement de l'âge de vote à 16 ans a déjà été adopté dans plusieurs pays d'Europe, comme l'Autriche et Malte, et partiellement à l'échelon local en Allemagne, Écosse et Estonie. Cette disposition concernerait en France environ 1,5 million de jeunes âgés de 16 et 17 ans.

Écosse

En 2014, lors de l'organisation du référendum pour l'indépendance, 75 % des jeunes de 16 et 17 ans ont voté, contre 54 % des 18 à 24 ans et 72 % des 25 à 34 ans. Pour une élection aussi stratégique, on voit que les jeunes de moins de 18 ans ont pris toute leur part à l'exercice démocratique en se mobilisant massivement, même plus que leurs aînés.

2- Changer la culture politique

Une révolution culturelle doit s'opérer sur la façon de faire de la politique. Adopter une éthique de l'humilité, renouer avec l'éducation civique et la transmission, rendre sa qualité au débat public, voilà les moyens pour attirer plus de jeunes en politique.

L'humilité au pouvoir

Pour faire gagner le camp du progrès en politique, on peut faire plusieurs choses. Amender les codes de l'exercice politique, basés sur l'exclusion. Renouveler le personnel, en s'ouvrant réellement aux nouvelles méthodes et visions citoyennes et militantes. Aller chercher les territoires oubliés par la gauche et ciblés par l'extrême droite. Et puis en adoptant l'humilité, la solidarité et le respect des différences comme nouvelles pratiques du pouvoir.

L'enjeu du langage et de la posture des responsables politiques est considérable. Je suis convaincue qu'il faut aller vers une définition de l'élu qui soit *facilitateur* de la décision des citoyens, et non pas le sachant, arrogant et méprisant, celui qui sait tout. Voilà longtemps qu'on n'a pas eu le sentiment d'entendre autre chose que des « éléments de langage » ou vu autre chose que des costards inabordables, qui font par ailleurs des élus des clones interchangeables. Voilà longtemps qu'on n'a pas entendu une personnalité politique dire « je ne sais pas » ou « pardon ». Ça n'est pourtant pas honteux pour nos décideurs voisins, à l'image par exemple du Premier ministre espagnol, Pedro Sánchez, qui a demandé pardon aux victimes d'agressions sexuelles pour les réductions de peines et libérations anticipées de certains condamnés à la suite d'une réforme pénale décriée en 2023. À l'inverse en France, la séquence des retraites a été particulièrement éloquente en matière de mépris politique, puisqu'en dépit de son impopularité écrasante, de la brutalité gouvernementale utilisée, d'un mensonge institutionnalisé sur le fond et la forme pendant des mois, d'erreurs de communication répétées, aucune excuse n'a été présentée aux citoyens.

Pourquoi ? Nos élus seraient-ils particulièrement fiers ou meilleurs que les autres ? À ce titre, le niveau de *salaire des élus* devrait aussi être réévalué. Sans devenir sacrificielle, la rétribution de certaines fonctions politiques doit être indexée plus justement sur la notion d'un véritable devoir civique, là où elle est aujourd'hui une rente cumulative pour certains, les déconnectant sérieusement du quotidien, ne serait-ce que matériel, d'une majorité grandissante de leurs électeurs…

Plus de bienveillance, d'horizontalité, moins d'arrogance et de privilèges, culture du compromis…, une représentation plus juste des catégories sociales de la population pourrait bien nous mener à ce renouvellement des pratiques, notamment par les femmes leaders. On a vu se multiplier des articles sur la gestion idoine de la pandémie du Covid-19 par les femmes lorsqu'elles étaient au pouvoir, à la fois dans l'urgence mais aussi dans le souci d'une relance plus durable et équitable[1]. Sans tomber

1. « À la tête des gouvernements danois, éthiopien, finlandais, allemand, néo-zélandais et slovaque, les représentantes politiques ont été unanimement

dans le piège essentialiste, la longue exclusion des femmes de la politique les conduit à développer des stratégies différentes des hommes et à créer, comme l'explique Christiane Taubira, « une différence dans leur rapport à la décision politique[1] ». Le « leadership féminin » pendant

---

reconnues pour la rapidité et la pertinence de leurs actions. L'Islande, dirigée par Katrín Jakobsdóttir, a très tôt choisi de proposer un dépistage gratuit à l'ensemble de la population (dès février 2020). Tsai Ing-wen, à la tête de Taiwan, s'est démarquée aux yeux du monde par sa réactivité et sa détermination : dès le mois de janvier 2020, bien avant que l'alerte mondiale n'ait sonné, la présidente avait imposé 124 mesures fortes pour bloquer l'épidémie. La Première ministre néozélandaise Jacinda Ardern a joué la solidarité jusqu'au bout en réduisant sa propre rémunération et celle de ses ministres de 20 % et en expérimentant la semaine de quatre jours pour la relance économique. Sanna Marin, plus jeune cheffe d'État au monde, à la tête d'une coalition finlandaise exclusivement composée de femmes, a déployé une stratégie de communication et d'information particulièrement innovante et efficace pour mobiliser les jeunes générations les plus contaminantes ; rejoignant Erna Solberg, ministre d'État norvégienne, ou Mette Frederiksen, cheffe du gouvernement danois, particulièrement présentes auprès des enfants lors de la pandémie », dans Mahaut Chaudouët-Delmas, *Demain ne peut qu'être féministe*, 2022, *op. cit.*

1. « Christiane Taubira : "Nous, les femmes, portons en politique la mémoire d'une longue histoire d'oppression" », *Le Monde*, 12 novembre 2018.

la crise n'a en général pas seulement consisté en des mesures de conservation et de protection – confinement, distanciation sociale, dépistages généralisés, vaccination, soutien économique et social –, mais encore en une stratégie de communication transparente et empathique, régulière, rationnelle et informative. Plus globalement, les femmes au pouvoir se sont démarquées par leur sens du collectif et de la collaboration par opposition à la compétition et l'émulation habituellement associées à la gestion des crises politiques. Ce pragmatisme salvateur des femmes au pouvoir n'est pas propre à cette dernière crise : les femmes à la tête d'institutions financières avaient par exemple diminué les risques prudentiels pendant la crise des subprimes de 2008, ce qui a été documenté par le *Quarterly Journal of Economics*, de Harvard, ou le FMI[1].

Ce sont là des signaux forts, de nécessaire ouverture du champ politique aux femmes, aux jeunes qui promeuvent et qui expérimentent très largement d'autres pratiques dans leurs engagements respectifs, et plus largement à toutes les catégories sociales peu représentées dans l'espace du pouvoir. Il suffit d'impulser la dynamique, car les rôles modèles jouent énormément en politique pour ouvrir l'imaginaire

1. Ratna Sahay, Martin Cihak, *Women in finance. A case for closing gaps*, Washington, FMI, 2018.

et faire que d'autres s'autorisent ensuite à se lancer. C'est ce qui a marché, par exemple, pour Marie-Charlotte Garin, devenue un exemple depuis son élection. Voir des femmes LGBT à des postes de pouvoir, « ça m'a donné envie, ça m'a fait me dire qu'on a notre place, et maintenant moi-même je reçois tous les jours des messages de jeunes femmes qui sont intéressées. C'est aussi un principe politique : si on est de plus en plus nombreuses en position de pouvoir et en responsabilité, on aura cette attention pour ouvrir à des personnes qui nous ressemblent et aussi à celles qui ne nous ressemblent pas qui sont tout autant exclues des sphères de pouvoir ».

Jacinda Ardern, l'alter-leader

Le 26 octobre 2017, Jacinda Ardern accède au poste de plus jeune Première ministre de Nouvelle-Zélande, à 36 ans. Elle se positionne rapidement comme une politicienne humaine, honnête, empathique et progressiste, qui rompt avec les codes classiques d'exercice du pouvoir. Elle devient par exemple la première dirigeante du monde à prendre un congé maternité.
Épuisée par des années d'exercice et la violence misogyne du milieu, elle démissionne en janvier 2023, pour se consacrer à sa famille. Elle aura incarné une tout autre

façon de gouverner, délaissé le PIB pour se concentrer sur le bien-être de sa population, engagé résolument son pays dans la bifurcation écologique, géré de façon saluée la pandémie du Covid-19…, et elle est partie « avec la conviction qu'on peut être bienveillant mais fort, plein d'empathie mais décisif, optimiste et déterminé ».

Dans son dernier discours au Parlement, elle soutient une autre façon d'être responsable politique : « Vous pouvez être un nerd, vous pouvez avoir la larme facile, vous pouvez aimer prendre les gens dans vos bras, et être à ce poste. Vous pouvez être tout cela, et diriger un gouvernement, comme je l'ai fait. » Un exemple du « pouvoir au féminin », une leçon d'humilité aux dirigeants politiques du monde entier.

Éradiquer les violences en politique. Les élus se retrouvent souvent dans un rôle d'employeur qu'ils ne connaissent pas : il paraît nécessaire de multiplier les formations au management. Il paraît tout aussi nécessaire de mieux protéger les collaborateurs, et tout particulièrement les collaboratrices, des abus et violences notamment sexuelles, qui perdurent. Par exemple, en créant un véritable statut et en externalisant l'écoute et la prise en charge des violences sexistes et sexuelles. Le HCE et l'Observatoire des violences sexistes et sexuelles en politique proposent depuis longtemps la mise en place d'une autorité indépendante pour remplir le rôle de vigie des responsables politiques. Cette réforme pourrait convaincre plus d'une jeune femme à investir les lieux de pouvoir, comme Marylie Breuil : « J'ai vraiment envie de m'engager politiquement pour faire changer les choses. J'ai en vue 2027, même si je ne sais pas dans quel parti, ni dans quel cadre. J'ai envie que les choses bougent de l'intérieur, et j'ai envie d'être une des figures féminines et féministes qui y participent. Mais ce n'est pas un milieu dans lequel je me sens représentée, surtout sur les violences sexistes et sexuelles. C'est un frein énorme pour moi. Comment porter le message d'un parti politique qui défend les agresseurs sexuels, les hommes violents ? »

Éduquer, transmettre, fédérer autour d'une culture commune

Dès le plus jeune âge

L'un des leviers pour améliorer le rapport des jeunes à la politique pourrait être l'éducation à la citoyenneté, sous la forme d'un vrai programme. Celui-ci ne doit plus simplement consister à proposer à des jeunes de visiter un conseil municipal une fois tous les trois mois. À l'école, il doit dépasser les séances intermittentes et encore très théoriques. « Leur parler de ce qui se passe à côté de chez eux, leur montrer qu'ils ont des dispositifs dont ils peuvent se saisir à tous les échelons, qu'ils n'ont pas à subir les décisions prises par les autres », voilà ce que propose Ahouefa Fagbémi, qui organise la formation et l'éducation civiques aux jeunes de banlieue via l'association Cité des chances.

Une façon aussi d'organiser une éducation pratique à la vie politique, c'est l'expérience de la prise de décision collective. Faire en sorte que les enfants soient amenés à émettre des idées, choisir en commun, prendre des décisions, pratiquer le pouvoir, apprendre à faire leur une proposition avec laquelle ils n'étaient initialement pas forcément d'accord. En développant des *soft skills*, une qualité d'empathie, d'écoute, cette pratique du collectif aura forcément un impact sur la vie politique, mais aussi sur l'unité familiale, les espaces affectifs, les couples, l'amitié.

Tout au long de la vie

Au-delà de la formation continue au management et de la prévention des violences, notamment sexistes et sexuelles, un travail d'éducation et de sensibilisation doit être fait auprès des élus et des cadres des partis pour déconstruire les stéréotypes autour des jeunes, principalement ceux issus des milieux militants. Il s'agit aussi d'automatiser l'intégration des jeunes à toutes les questions sociales et politiques, dans les espaces de réflexion collective et stratégique.

Comment ? Il s'agirait par exemple de systématiser les ponts avec les collectifs de formation extérieurs aux partis, sur le modèle de Brand New Congress, Sunrise et Justice Democrats aux États-Unis. Ces organismes ont permis de faire émerger au sein du Parti démocrate de nouvelles figures sociologiquement plus proches du peuple américain comme Alexandria Ocasio-Cortez. On pourrait imaginer des quotas de jeunes issus des formations citoyennes comme l'Académie des futurs leaders ou les Investies dans les investitures partisanes. On pourrait encore imaginer la création systématique de cellules d'identification de nouveaux talents au sein des partis en renouant avec un système de parrainage et de formation de ces jeunes recrues.

Fédérer les générations autour de transmissions croisées

Les façons de s'engager, de faire de la politique entre générations deviennent de plus en plus segmentées : les jeunes ont leurs prés carrés, leurs propres émissions politiques sur TikTok, Discord, Twitch. Autour de la politique, jeunes et vieux ne se parlent pas. Or, les jeunes ont autant à apprendre de leurs aînés que l'inverse. On peut fédérer de nouveau les générations en les reconnectant avec un programme de transmission autour des questions politiques. Agathe Hamel défend la nécessité pour les jeunes d'apprendre à leurs aînés, notamment sur les pratiques de décision commune : « D'habitude, les politiques utilisent l'art oratoire et la stratégie. Mais il y a plein d'outils qui permettent d'amener de la diversité dans la décision : les décisions parapluie, systèmes de points, de couleurs. Ce n'est pas juste un chef et une majorité. Il faut proposer de le faire dans des lieux de pouvoir et à l'école sur le temps long. »

Sator

Cofondée par le jeune consultant en prospective climatique Pierre Gilbert, Sator est la première plateforme francophone et diplômante de cours en ligne dédiés à l'éveil citoyen. Comprendre nos institutions, le pouvoir des champignons, les neurosciences, maîtriser son sommeil, découvrir l'art de la stratégie, réussir la transition écologique, autant de cours en ligne développés de façon holistique, opérationnelle, en mélangeant « savoir théorique, universitaire et savoir chaud, vécu, issu de l'expérience ».

Ce projet est venu, pour Pierre Gilbert, d'une nécessaire reconnexion avec le « discernement » en politique. Cela doit passer selon lui par une formation des cadres politiques en neurosciences, en psychologie, en sociologie, en psychanalyse…, ce que les jeunes générations pourraient amener : « Il faut retrouver une plasticité cérébrale qui permet de changer les structures politiques pour déconstruire, débloquer ce qui est bloqué depuis longtemps. »

Rendre sa qualité au débat public

Garantir l'indépendance des médias : la surconcentration du secteur des médias, le manque d'indépendance des journalistes, les atteintes au pluralisme, les changements d'actionnariat…, tous ces phénomènes marquent le paysage médiatique depuis quelques années, affectant largement la qualité et la transparence du débat public. Ils s'accélèrent en général autour des séquences électorales, et donnent le sentiment d'un jeu pipé, qui offre très peu d'espace à des nouveaux profils, des nouveaux combats politiques, à moins de créer le buzz.

Avec son coauteur Benoît Huet, Julia Cagé propose dans l'ouvrage *L'information est un bien public*[1] plusieurs réformes pour assurer réellement une gouvernance démocratique et garantir l'indépendance des médias et des journalistes. Il s'agit par exemple de placer la moitié des salariés dans les conseils d'administration

1. Julia Cagé, Benoît Huet, *L'information est un bien public*, Paris, Le Seuil, 2021.

des médias, dont au moins deux tiers de journalistes, ou encore que les directeurs de la rédaction proposés par ces conseils d'administration soient validés a minima à 60 % par l'ensemble des journalistes.

Allonger le temps politique: la temporalité électoraliste entre en contradiction directe avec les enjeux politiques que nous traversons au XXIe siècle, qui nécessitent concertation, planification, suivi, pragmatisme, évaluation. Pour allonger le temps des décisions, une solution serait de transformer le CESE, notre troisième assemblée constitutionnelle, en « assemblée du long terme » ou en « chambre de l'avenir ». Celle-ci aurait vocation à ralentir le rythme des réformes à venir, à travers des vétos suspensifs, et à se pencher sur des réformes de long terme, pour lesquelles elle s'assurerait de l'application et l'évolution dans le temps au-delà des rythmes classiques des élections tous les cinq ans. Les jeunes élus ou nommés y auraient toute leur place puisqu'ils seraient les premiers concernés.

3- Construire une vraie politique de la jeunesse avec la jeunesse

La précarité des jeunes n'est pas que politique, elle est aussi sociale, économique, psychologique. L'isolement social, le sentiment d'un déclassement générationnel, la baisse durable du pouvoir d'achat, les perspectives apocalyptiques, le manque de politiques publiques dédiées aux jeunes… Tout ça a des conséquences réelles sur les capacités d'engagement politique de la jeunesse. Il s'agit donc à la fois d'en finir avec la politique de délaissement des jeunes, et de les associer réellement et structurellement à la décision. Au moins dès qu'il s'agit de propre avenir.

Sortir la jeunesse de la précarité

Protéger : presque un jeune sur quatre est pauvre, contre 13 % de la population[1]. Un tiers des jeunes sautent un repas par jour, la moitié doivent financer leurs études. La situation des jeunes s'aggrave particulièrement depuis la pandémie : près de 10 % des jeunes en emploi ont perdu leur travail, notamment chez les classes populaires. Beaucoup ont du mal à trouver un premier job : le taux d'emploi précaire des 15-24 ans est passé de 17,3 % à 52,6 % entre 1982 et 2020[2] ; 115 000 étudiants auraient eu recours à l'aide alimentaire en 2020. Le pouvoir d'achat augmente toujours moins vite : +6 % par an dans les

1. Insee, « Niveau de vie et pauvreté des adultes selon l'âge », *Revenus et patrimoine des ménages*, 27 mai 2021.
2. Observatoire des inégalités, « L'évolution de la précarité de l'emploi selon l'âge et le sexe », 1er juin 2023.

années 1960, +0,8 % dans les années 2010, il baisse en 2022. Les jeunes sont aussi surexposés aux discriminations dans l'emploi : plus d'un sur trois déclare avoir subi une discrimination ou un harcèlement discriminatoire dans le cadre de sa recherche d'emploi ou au cours de sa carrière[1].

Dans son livre *Sois jeune et tais-toi*[2], la journaliste Salomé Saqué explique bien l'engrenage infernal dans lequel les jeunes sont empêtrés : « Il faut bien comprendre que la vie sans CDI impacte indéniablement notre capacité à nous projeter dans l'avenir [...]. Car sans CDI, pas de logement : rares sont les propriétaires à accepter de signer un bail locatif à des personnes en CDD ou sans caution financière solide, et encore plus rares sont les banquiers à accepter de prêter de l'argent à des particuliers ne présentant pas la garantie d'un emploi stable pour un achat immobilier. Or, ne pas pouvoir accéder à un logement indépendant, c'est tout de même faire une croix sur l'objectif numéro un de beaucoup de jeunes adultes. »

J'ajoute à cet engrenage l'incapacité matérielle de beaucoup de jeunes de *penser* à autre

1. Défenseur des droits, « 14e baromètre sur la perception des discriminations dans l'emploi », 2021.
2. Salomé Saqué, *Sois jeune et tais-toi*, 2023, *op. cit.*

chose que cette survie économique et sociale. Or, l'engagement politique demande d'être affranchi, au moins en partie, de cette première nécessité. Offrir des garanties sociales contre la précarité des jeunes est essentiel pour donner aux jeunes le pouvoir de concrétiser leurs engagements et de les tenir dans le temps.

Cette vulnérabilité économique n'est pas sans conséquence sur notre fragilité psychologique. Selon la dernière enquête de Santé Publique France[1], un jeune sur cinq en France présente des troubles dépressifs[2]. Cela constitue une hausse inquiétante de 80 % depuis 2017, et les jeunes femmes sont particulièrement touchées (la proportion monte à 26,5 %). Face à ce phénomène, on ne compte en France qu'un seul psychologue pour 30 000 étudiants.

---

1. Christophe Léon, Enguerrand du Roscoät, François Beck, « Prévalence des épisodes dépressifs en France chez les 18-85 ans : résultats du Baromètre santé 2021 », *Bulletin épidémiologique hebdomadaire*, n° 2, 2023.
2. SPF retient les critères de l'OMS concernant la dépression « épisode de tristesse ou de perte d'intérêt pendant au moins deux semaines consécutives », et « au moins trois symptômes dits "secondaires" (fatigue, perte ou prise de poids, problème de sommeil, de concentration, idées de mort...) ».

La prise en charge psychologique de la jeunesse dans le monde

Selon l'étude de l'association Nightline, laboratoire de réflexion sur les enjeux de santé mentale étudiante, on compte un psychologue pour 1500 étudiants aux États-Unis ; un pour 3000 au Canada ; un pour 4000 en Australie. Le taux de la France est *huit fois inférieur* à celui des six autres pays recensés, et vingt fois inférieur à ce que recommande l'association. Elle conseille le ratio d'un psychologue à temps plein pour 1000 à 1500 étudiants.

La précarité des jeunes n'est pas une fatalité. Dans un pays vieillissant, il est même impératif de combler le fossé entre les jeunes et les plus âgés et de réduire les inégalités au sein de la jeunesse. Il en va de notre cohésion sociale. Alors que la majorité civile est fixée à 18 ans en France depuis 1974, la majorité sociale reste bloquée à 25 ans en 2023. Le RSA n'est accessible pour les jeunes qu'à cet âge, sauf pour celles et ceux ayant travaillé deux ans lors des trois dernières années (900 foyers concernés fin 2020) ; et les jeunes parents disposant de faibles revenus (53000 foyers)[1]. *L'ouverture du RSA aux jeunes dès 18 ans paraît donc essentielle.*

1. Thimothée Duverger, « L'ouverture du RSA aux jeunes dès 18 ans : la conquête d'un nouveau droit », Fondation Jean-Jaurès, 27 février 2023.

Comme le résume le chercheur Timothée Duverger, cette réforme ne serait pas seulement une mesure sociale, mais « un nouveau droit pour fonder leur citoyenneté sociale et restaurer leur confiance dans les institutions démocratiques. Elle constituerait le socle de leur autonomie, venant sécuriser leur parcours et développer leur pouvoir d'agir à un âge charnière de la vie ».

Le RSA jeune en Europe

24 des 28 pays de l'Union européenne ont ouvert leurs revenus minimums aux jeunes dès leur majorité. Seuls la France, l'Espagne, Chypre et le Luxembourg font (encore) figure d'exception.

On pourrait aussi envisager une *bourse pour étudiants politisés*, engagés dans les associations, ou dans les partis politiques. Pourquoi pas ? Le député Arthur Delaporte défend sur ce point la nécessité de prévenir les « cycles de désengagement » des jeunes en les embauchant au maximum en tant que permanents dans les partis. Il défend aussi la nécessité d'émanciper les jeunes du poids matériel de l'engagement en favorisant ce qu'il appelle « l'engagement online » (réseaux sociaux, visioconférences, interventions en ligne…) qui permet de dégager du temps disponible sans avoir à trouver les moyens de se déplacer. Et puis, bien sûr, il s'agit de revaloriser les bourses sociales du Crous un peu au-delà de 37 euros (comme prévu par le gouvernement).

De manière générale et dans un contexte de renouvellement structurel des rapports au travail, les dispositifs tels que le *revenu universel* ou la question de *la baisse du temps de travail* doivent être remis sur la table. Non pas seulement en termes socio-économiques, mais aussi démocratiques. En dégageant du temps, de la décharge mentale, en fonctionnant comme un accompagnement social de la citoyenneté, une aide universelle pourrait bien être une réponse à l'individualisme ambiant et à la méfiance généralisée des institutions.

Une plus grande émancipation économique des jeunes et la fin de l'aversion au chômage structurel permettraient également de sortir de la dépendance matérielle au cadre politique des rares qui y entrent. Ce rapport économique à la politique renforce fatalement une fidélité aveugle à l'employeur, en l'occurrence le parti, et participe au phénomène de bureaucratisation de la vie politique. Une plus grande autonomie financière, c'est aussi la garantie d'une plus grande transparence démocratique.

Coconstruire l'avenir avec les jeunes

Au cœur des institutions

Beaucoup de politiques publiques sont proposées et mises en œuvre à destination des jeunes ou pour leur avenir, qu'on parle du système des retraites, de l'insertion et de la formation professionnelle ou du contrôle de la dette publique. Mais aucun de ces dispositifs n'est pensé dans un programme structurel, d'ensemble, et en concertation étroite avec les jeunes. Pas seulement sur les questions liées à la jeunesse d'ailleurs, mais sur *tous* les sujets : santé, économie, égalité des chances. Pour cela, les politiques publiques liées aux enjeux de la jeunesse ne sauraient faire l'apanage d'un seul ministère : il s'agirait de créer des groupes de référents jeunes au sein de chaque portefeuille ministériel.

L'Union européenne a lancé depuis 2011 l'utilisation du « dialogue structuré » pour une partie des politiques européennes concernant les jeunes, méthode de participation citoyenne qui permet pendant dix-huit mois à chacun de travailler à la conception, à la réalisation et à l'évaluation des politiques publiques. Dans son rapport dédié, le CESE recommande de généraliser aux niveaux européen, national et local ces dialogues structurés avec les associations de jeunesse. Il recommande aussi « d'utiliser la nouvelle "semaine de la citoyenneté" pour impliquer les jeunes sur un sujet donné chaque année, sous forme de débats et de contributions, en reposant sur le réseau d'organisations d'éducation populaire agréées[1] ».

Dans ce même rapport, le CESE recommande de généraliser la « clause d'impact jeunesse », dispositif qui rend obligatoire la prise en compte de la situation des jeunes dans les travaux d'évaluation préalable des textes préparés par le gouvernement, mais qui n'est à ce jour pas utilisé. L'obligation d'en rendre compte au Parlement annuellement à travers le projet de loi de finances (PLF), ou à travers un document de politique transversale (DPT) dédié, pourrait être mise en place pour rendre son effectivité à ce dispositif. Et cela rappellerait annuellement aux députés l'importance de prendre les jeunes en compte dans leurs arbitrages.

Créé en 2016, le Conseil d'orientation des politiques de jeunesse (COJ) est une commission administrative consultative placée auprès de la Première ministre. Une saisine obligatoire sur les textes concernant tous les domaines de la vie des jeunes, une plus grande indépendance du COJ (via sa transformation en autorité administrative indépendante) et des moyens renforcés paraissent absolument nécessaires

1. CESE, « Engagement et participation démocratique des jeunes », 9 mars 2022.

pour en faire une institution de référence et qui pèse réellement dans le débat public.

Au sein des partis politiques

Il est d'abord question d'être sensibles aux spécificités d'engagement des jeunes, donc de s'engager dans les espaces où les jeunes le font, de façon physique ou virtuelle, mais aussi d'intégrer au sein des appareils politiques des structures spécifiques qui dépassent les stricts mouvements de jeunesse et qui leur permettent de participer activement à l'orientation et aux décisions stratégiques du parti, ainsi que de les affecter à des postes cadres. Il s'agirait de montrer que les jeunes militants ne sont pas simplement une force de mobilisation ou une réserve de voix. Et d'organiser la transmission politique en structurant leur engagement et en élaborant un plan de carrière politique pour chacun.

Les programmes spécifiques à la jeunesse au sein des partis politiques mériteraient aussi d'être fabriqués en très étroite et systématique collaboration avec les jeunes militants. Un indicateur utile pour mesurer la participation politique des jeunes, et auquel pourraient se soumettre les partis politiques, est l'échelle développée par Roger Hart. Elle comprend 8 échelons du plus bas – les jeunes sont manipulés – au plus haut – les jeunes et les adultes partagent la prise de décision.

Exemples étrangers

Le National Democratic Institute, *think thank* américain proche du Parti démocrate, a développé un guide spécifique pour mieux intégrer les méthodes d'engagement des jeunes générations dans les partis politiques. Ce guide fait mention de différents exemples étrangers, comme Sabaa au Liban, fondé en 2016, parti participatif et dirigé par des jeunes qui s'engagent à innover face aux vieux partis traditionnels pour dépasser les clivages particulièrement sectaires de la politique libanaise. Il a aussi pour spécificité d'avoir organisé un système de mentorat et de solidarité intergénérationnelle au cœur de sa structure. Il est aussi question du Parti vert d'Aotearoa en Nouvelle-Zélande, qui a intégré de façon très significative les jeunes militants aux processus décisionnels : par exemple, l'équipe du programme est composée à moitié de jeunes Verts, ce qui a considérablement coloré les propositions de cette troisième force politique de Nouvelle-Zélande. Le guide évoque également l'initiative législative Not Too Young to Run, au Nigeria, où 70 % de la population a moins de 35 ans. Véritable plaidoyer pour abaisser l'âge légal pour se présenter à des élections, cette disposition a eu un écho mondial pour pousser des jeunes leaders politiques à s'engager.

Conclusion

Que ce soit à travers les combats qu'elles portent ou les méthodes d'engagement qu'elles promeuvent, les jeunes générations aujourd'hui sont éminemment politiques. L'enjeu essentiel de l'urgence et l'injustice climatique appelle des arbitrages qu'elles sont inéluctablement plus enclines à faire, pour leur survie, et celle des générations suivantes. Il faut être en mesure de voir la solution qu'elles incarnent pour faire gagner le camp du progrès, de l'humain, de la vie. Pour changer le monde. Si seulement elles en avaient le pouvoir économique et politique.

Pour envisager une autre démocratie plus inclusive, une société où la politique ne serait plus seulement une question de pouvoir, mais aussi de justice, d'égalité, de lien social et d'écologie. Où elle deviendrait exemplaire, composite. Où elle serait menée par les concernés et non plus par les privilégiés. Où elle serait dictée de nouveau par l'intérêt général et non plus les intérêts privés.

Les moyens sont à notre disposition : adopter des programmes systémiques pour émanciper la jeunesse, créer une nouvelle culture politique qui ne laisse plus de place à la violence, renouer avec la transmission et l'inclusivité, renforcer les processus démocratiques directs et participatifs.

Il ne manque que le courage de faire place à la jeunesse en politique. Il y va de notre survie collective.

Remerciements

En premier lieu, je tiens à remercier Stacy Algrain, Davy Beauvois, Kevin Bhema Vacher, Youcef Brakni, Marylie Breuil, Sasha Cantet, Shanley Clemot McLaren, Arthur Delaporte, Ahouefa Fagbémi, Marie-Charlotte Garin, Flora Ghebali, Pierre Gilbert, Samuel Grzybowski, Agathe Hamel, Lauren Lolo, Anissa Maille, Achraf Manar, Modibo Massaké, Gabriel Mazzolini, Chloé Ridel, qui m'ont toutes et tous accordé beaucoup de temps pour éclairer les enjeux de cet ouvrage. Et je les remercie aussi pour leur engagement quotidien pour le bien commun.

Merci à Manon Viard pour sa confiance dans ce projet, et sa lumière dans son aboutissement.

Merci à mon phare dans la nuit, Antony Thalien, pour sa disponibilité, même aux heures tardives, pour son intelligence brute et maïeuticienne.

Remerciements

Bibliographie

Ouvrages

BASTIDE, Lauren. *Futur·es*. Paris : Allary, 2022.

BRACONNIER, Cécile, DORMAGEN, Jean-Yves. *La démocratie de l'abstention*. Paris : Gallimard « Folio », 2007.

CAGÉ, Julia, HUET, Benoît. *L'information est un bien public*. Paris : Le Seuil,

CHAMBONCEL, Léa. *Plus de femmes en politique !*. Paris : Belfond, 2022

CHEVALIER, Tom. *La jeunesse dans tous ses États*. Paris : PUF, 2018.

DABI, Frédéric, CHAU, Stewart. *La fracture*. Paris : Les Arènes, 2021.

GHEBALI, Flora. *Le syndrome de la fourmi*. Paris : L'Observatoire, 2023.

GHEBALI, Flora. *Ma génération va changer le monde*. La Tour-d'Aigues : l'Aube, 2021.

HAUTE, Tristan, TIBERJ, Vincent. *Extinction de vote ?*. Paris : PUF, 2022.

LARDEUX, Laurent, TIBERJ, Vincent. *Générations désenchantées ? Jeunes et démocratie*. Paris : La Documentation française, n° 7, 2021.

MARGOLIN, Jamie. *Le pouvoir aux jeunes*. Paris : Massot, 2020.

Masclet, Olivier. *La gauche et les cités. Enquête sur un rendez-vous manqué.* Paris : La Découverte, 2003.

Masclet, Olivier, Misset, Séverine, Poullaouec, Tristant. *La France d'en bas ? Idées reçues sur les classes populaires.* Paris : Le Cavalier Bleu, 2019.

Muxel, Anne. *Politiquement jeune.* La Tour-d'Aigues : l'Aube, 2018.

Pagneux, Florence. *Ce que nos filles ont à nous dire.* Rezé : La Mer Salée, 2022.

Peugny, Camille. *Pour une politique de la jeunesse.* Paris : Le Seuil, 2022.

Rousseau, Sandrine, Roudaut, Sandrine, Bon, Adélaïde. *Par-delà l'androcène.* Paris : Le Seuil, 2022.

Sadoun, Eva. *Une économie à nous. Changer de regard pour redéfinir les règles du jeu.* Arles : Actes Sud, 2022.

Saqué, Salomé. *Sois jeune et tais-toi. Réponse à ceux qui critiquent la jeunesse.* Paris : Payot, 2023.

Sbaihi, Maxime. *Le grand vieillissement.* Paris : L'Observatoire, 2022.

Viot, Mathilde. *L'homme politique, moi j'en fais du compost.* Paris : Stock, 2022.

Vuattoux, Arthur. *Adolescences sous contrôle. Genre, race, classe et âge au tribunal pour enfants.* Paris : Presses de Sciences Po, 2021.

Vuattoux, Arthur, Amsellem-Mainguy, Yaëlle. *Les jeunes, la sexualité et internet.* Paris : Les Pérégrines, 2020.

Articles scientifiques, études, rapports

Bardin, Fanette, Dreuil, Dorian, Ridel, Chloé, et al. « Malaise démocratique : comment sortir de la crise ? ». Fondation Jean-Jaurès, 21 mars 2023.

Brakni, Youcef. « Antiracisme et engagement pour la transformation sociale ». *Les Cahiers de la LCD*, n° 15, 2022.

Bristielle, Antoine. « Ce qui rassemble les Français ». Fondation Jean-Jaurès, 2021.

Chevalier, Tom. « La confiance institutionnelle des jeunes en Europe : quel effet de l'action publique ? ». *Revue française de sociologie*, vol. 60, 2019/1, p. 13-42.

Conseil Économique Social et Environnemental. « Engagement et participation démocratique des jeunes ». 9 mars 2022.

Couronné, Julie. « La jeunesse au travail : en finir avec les préjugés ». *Droits et Libertés,* n° 199, octobre 2022.

Duverger, Thimothée. « L'ouverture du RSA aux jeunes dès 18 ans : la conquête d'un nouveau droit ». Fondation Jean-Jaurès, 27 février 2023.

Élues locales. « Sexisme en politique ». 2021.

Haut Conseil à l'égalité. « Parité politique : la nécessité d'un acte II ». 12 décembre 2022.

Lazar, Marc. « Une jeunesse plurielle. Enquête auprès des 18-24 ans ». Institut Montaigne, février 2022.

National Democratic Institute. « Principes et pratiques de l'engagement des jeunes pour les partis politiques. »

Yasmina A., Bailly, Maël, Bourbon, Antoine, Degioanni, Cosima, Melu, Ife, Tommasi, Paul. « Des jeunes contre le racisme ». *Esprit*, novembre 2020.

Table des matières

Pour limiter l'empreinte environnementale
de leurs livres, les éditions de l'Aube
font le choix de papiers issus de forêts durablement
gérées et de sources contrôlées.

Achevé d'imprimer en décembre 2023
sur les presses de l'imprimerie Firmin Didot
pour le compte des éditions de l'Aube
331, rue Amédée-Giniès, F-84240 La Tour-d'Aigues

Numéro d'édition : 5657
Dépôt légal : janvier 2024
Numéro d'impression : 177695

Imprimé en France